Aprender Ruso
Textos paralelos
Historias sencillas
Ruso - Español

www.polyglotplanet.ink

Acerca de este libro

Aprender ruso con nuestro método es la manera más gratificante y eficaz de aprender un idioma. Se refresca el vocabulario ya conocido y el vocabulario nuevo se pone en práctica al instante.

Recomendado para estudiantes de ruso de nivel principiante e intermedio y también como curso de actualización. Es tan simple y divertido que hasta los principiantes absolutos con ningún conocimiento previo pueden empezar a aprender.

Mientras sentimos que cualquier estudiante de cualquier nivel pueda trabajar con nuestro método/ curso, unos conocimientos básicos de ruso serían recomendados para conseguir un máximo resultado en el aprendizaje y la máxima satisfacción. Nuestros entretenidos cursos y historias incluyen cultura y personalidades europeas. Son divertidos de leer de modo que se pueda mantener la concentración y aprender de la motivación

Tabla de contenidos

TEXTOS PARALELOS

Приключение на Ла Томатину
Una aventura en La Tomatina

Меня зовут Шон. Мне двадцать один год.
Me llamo Sean y tengo 21 años.

Я из Нью-Йорка, но уже 6 лет живу в Испании, в Барселоне.
Soy de Nueva York, pero vivo en Barcelona, España, desde hace seis meses.

Я изучаю литературу Испании. Мне очень повезло в том, что я приобретаю этот опыт именно в Испании.
Estoy estudiando Literatura Castellana y tengo mucha suerte de poder disfrutar de esta experiencia en España.

Но иногда… случаются необычные и забавные истории, об одной из них я вам сегодня и расскажу.
Pero a veces… me pasan cosas locas y divertidas como la que hoy os voy a explicar.

Я приехал в Испанию в марте и поселился в прекрасной кваритире в центре города, деля ее с очень дружелюбными юношами и девушками.
Llegué a España en marzo y me puse a vivir con

6

unos chicos y chicas muy simpáticos, compartiendo con ellos un piso precioso en el centro de la ciudad.

Жить в центре такого красивого города – это большое удовольствие.
Es un placer poder vivir en el centro de una ciudad tan bonita.

Все находится очень близко, даже университет. В доме мы живём вчетвером.
Todo está muy cerca, incluso la universidad. En esta casa vivimos cuatro compañeros de piso.

Сара приехала из Севильи. Ей 26 лет, она изучает архитектуру.
Sara es de Sevilla y tiene veintiséis años, estudia arquitectura.

Хосе из Барселоны. Ему 20 лет. Он учится на инженера и увлекается футболом.
José es de Barcelona, tiene veinte años, estudia ingeniería y es un apasionado del fútbol.

И наконец Андреа, девушка с юга Франции.
Por último está Andrea, una chica del sur de Francia.

Ее родители испанцы. Она изучает рекламное дело, а также танцует фламенко.
Sus padres son españoles, estudia publicidad y también es bailarina de flamenco.

Разве они не замечательные? Мы хорошо ладим друг с другом, и жить с ними очень легко.
¿No os parece que son increíbles? Nos llevamos todos muy bien y vivir con ellos es muy sencillo.

Вы были в Барселоне? Это один из крупнейших городов Испании. Он находится на северо-западе страны.
¿Conocéis Barcelona? Es una de las ciudades más grandes de España, y se encuentra en la zona noroeste del país.

Он расположен на берегу моря, поэтому тут есть все самое лучшее, что может предложить большой город (дискотеки, большие университеты, торговые центры для шоппинга, рестораны, музеи), а также пляжи Испании (хорошая погода, море, сотни красивых пляжей).
Es una ciudad que vive pegada al mar, por lo tanto tiene lo mejor de una gran ciudad (discotecas, grandes universidades, tiendas para ir de compras, restaurantes, museos…), pero también lo mejor de estar cerca de la playa en España (buen tiempo, el mar, cientos de playas preciosas…).

Кроме того, Барселона окружена горами со всех сторон и находится рядом с Пиренееями. Это самые высокие горы в Испании, тут можно кататься на лыжах зимой и в начале весны.
Además, Barcelona está rodeada de montañas por todas partes y está muy cerca de los Pirineos, las montañas más altas de España donde puedes esquiar durante todo el invierno y parte de la primavera.

Отличное место для жизни, не так ли?
Es un lugar para quedarse, ¿no os parece?

В Барселоне весна проходит быстро.
La primavera pasó rápidamente en Barcelona.

Я уделял много времени учебе, а по вечерам
играл в футбол с Хосе и его командой.
*Yo estaba muy ocupado estudiando y por las tardes
jugaba al fútbol con José y su equipo.*

В Испании учебный год заканчивается в июне.
En España, el curso termina en el mes de junio.

Я сдал экзамены по всем своим предметам очень
хорошо.
*¡Había aprobado todas mis asignaturas con muy
buenas notas!*

Впереди меня ждало полное планов лето, которое
я собирался провести на пляже с друзьями.
*Ahora, tenía todo el verano por delante, lleno de
planes, al lado de la playa y con muchos amigos para
pasármelo bien.*

Кроме того, мне рассказывали, что летом в
Испании в каждой деревне проходят
традиционные и популярные праздники, но многие
из них для меня казались очень странными, и я их
не понимал.
*Además, en España en verano en todos los pueblos
hay fiestas tradicionales y populares de las que
siempre había oído hablar, aunque muchas eran muy
raras y no las entendía muy bien…*

Мой друг Хосе позвонил мне в июле и пригласил
на праздник, который должен был состояться в
августе, в одной из деревень в Валенсии.
*Mi amigo José me llamó un día de julio y me invitó a
ir a una fiesta en un pueblo de Valencia que se iba a
celebrar en agosto.*

Он заверил меня, что это самый крупный праздник, на котором я когда-либо был, и что я просто не могу его пропустить.
Dijo que era la mayor fiesta en la que seguramente habría estado en mi vida, y que no podía faltar.

"Почему этот праздник такой особенный?" – спросил я его.
Yo le pregunté: ¿por qué esa fiesta es tan espectacular?

А он…и слова мне о нем не сказал! Сказал лишь, что это сюрприз и дал мне только его название.
Y él… ¡no me dijo nada! Dijo que quería que fuera una sorpresa para mí, que sólo me iba a decir el nombre de la fiesta.

Праздник назывался… Томатина
La fiesta se llamaba… La tomatina.

Конечно, в наше время существует множество веб-сайтов и мест, где я мог бы найти информацию о таинственном «Ла Томатина», но друг заставил меня пообещать ему, что я не буду пытаться что-либо разузнать.
Por supuesto que que había muchas páginas de internet y sitios donde yo yo habría podido buscar información sobre la misteriosa " tomatina", pero mi amigo me hizo prometerle que no buscaría nada.

Хосе купил два билета на автобус и принес их домой.
José compró dos billetes de autobús y los trajo a casa.

Таким образом я узнал, что деревня, где будет

проходить праздник, называется Буньоль.
Así fue como me enteré de que el pueblo al que íbamos a ir de fiesta se llamaba "Buñol".

Наконец-то я узнал что-то еще о загадочном летнем празднике, на который я должен был пойти.
¡Por fin sabía algo más sobre la misteriosa fiesta de verano a la que iba a ir!

Буньоль оказался небольшой деревушкой в центре Валенсии.
Buñol era, sin embargo, un pueblo muy pequeño en medio de la provincia Valencia.

Каким же будет этот "большой" праздник в таком маленьком месте? Это все еще было тайной.
¿Qué tipo de "gran" fiesta se podría hacer en un lugar tan pequeño? Seguía el misterio.

За неделю до праздника, Сара, моя соседка по комнате, объяснила мне что значит "томатина".
Una semana antes de la fiesta, Sara, mi compañera de piso, me me había explicado lo que significaba "tomatina".

"Томатина" – это что-то вроде маленького помидора. С чем же тогда был связан этот праздник?
"Tomatina" era algo así como tomate pequeño. ¿Qué era entonces la fiesta?

Праздник, на котором ищут самые маленькие помидорки в мире? Какая чушь!
Una fiesta de un pueblo buscando el tomate más pequeño del mundo? ¡Qué lío!

Как вы можете себе представить, в тот момент я с нетерпением ждал праздника, но в то же время думал... куда, черт возьми, я собираюсь?
Como os podéis imaginar en aquel momento yo estaba deseando ir de fiesta, pero al mismo tiempo pensaba... ¿a dónde diablos estoy yendo?

В день Томатины мы проснулись очень рано... в 3 часа утра!
El día de "La Tomatina" nos levantamos muy pronto...¡a las 3 de la mañana!

Очень быстро позавтракали и побежали на автобусную станцию.
Desayunamos muy rápido y nos fuimos corriendo a la estación de autobuses.

На ней было много таких же молодых студентов (несколько сотен, не меньше), и все они ждали автобуса в Буньоль.
Allí, había un montón de jóvenes estudiantes como nosotros, cientos y cientos, esperando autobuses para Buñol.

Мы сели и стали ждать свой автобус, а я разговаривал с девушкой из Франции.
Nos sentamos a esperar nuestro autobús y pude hablar con una chica de Francia.

Ее звали Анна, она рассказала мне, что Томатина – это самый лучший праздник, на котором она когда-либо была.
Se llamaba Anne y me dijo que la Tomatina era la mejor fiesta a la que había ido en su vida.

И что она уже третий год подряд едет в Буньоль на Томатину!
Y que este ¡era el tercer año seguido que viajaba a Buñol para estar allí el día de La Tomatina!

Я долго говорил с Анной.
Estuve hablando con Anne durante mucho rato.

Она не говорила по-испански, ее английский был немного странным (у нее был забавный французский акцент), но она была очень мила.
Ella no hablaba español y su inglés era muy raro – tenía un gracioso acento francés cuando hablaba en inglés - pero era muy simpática.

Девушка была невероятно красивой блондинкой, с очень светлой кожей и зелеными глазами.
Y también era guapísima, rubia, con la piel muy blanca y los ojos verdes.

Однако наше общение прервалось, ей нужен был автобус номер пятнадцать, а мой был номер восемь.
Sin embargo, tuvimos que dejar de hablar, porque su autobús era el número quince y el mío era el número ocho.

Как жалко! Вы не находите?
¡Qué lastima! ¿Verdad?

Автобус уже казался большим праздником. Он был полон молодых людей, которые хотели веселиться.
El autobús ya fue una gran fiesta. Estaba lleno a tope de gente joven con ganas de marcha.

13

Все пели песни на испанском (я их не понимал, так как они были очень сложными) и пили сангрию, чтобы не было так жарко.
Todo el mundo iba cantando canciones (en español, yo no me enteraba de mucho, eran muy difíciles) y bebiendo sangría para evitar el calor que hacía ese día.

Ну а поездка оказалась очень долгой! Более пяти часов понадобилось, чтобы приехать на знаменитую Томатину!
Pero el viaje… ¡fue larguísimo! ¡Más de cinco horas para intentar llegar a la famosa Tomatina!

Наконец мы приехали в Буньоль.
Por fin, llegamos a Buñol.

Тут собрались тысячи людей! Все были очень радостными, многие носили очки для плавания, купальные костюмы, шорты, сандалии, непромокаемые шляпы…
¡Allí había miles de personas! Todo el mundo estaba muy feliz, y muchos llevaban gafas para bucear, bañadores, pantalones cortos, sandalias, gorros impermeables…

Зачем нужны были все эти вещи? Мы медленно шли и, наконец, добрались до центра деревни, он был полон людей.
¿Para qué eran todas esas cosas? Poco a poco, fuimos andando hasta llegar al centro del pueblo, donde ya casi no cabía nadie más.

Вдруг заиграла музыка, и все начали танцевать.
De repente, empezó a sonar una música, y la gente bailaba por todas partes.

Это и была Томатина?
¿Esto era la Tomatina?

Происходящее не показалось мне чем-то
особенным…
Pues no me parecía tan espectacular…

Я осознал, что музыка шла из огромных
грузовиков.
*Me di cuenta de que la música procedía de unos
enormes camiones.*

В грузовиках были люди, которые бросали что-то
вниз.
*En los enormes camiones había gente, que tiraba
algo a los que estaban en la calle.*

Что это такое? Что-то красное и круглое…похожее
на…помидоры!
*¿Qué era? Era algo rojo y redondo… parecía… ¡eran
tomates!*

И я засмеялся. Мой друг Хосе поинтересовался
моим мнением.
*En ese momento empecé a reirme un montón. Mi
amigo José me dijo ¿qué te parece?*

Я был безумно счастлив!
¡Yo no podía estar más feliz!

Это безумство! Только представьте себе: тысячи
людей смеются, скачут, танцуют и бросаются
помидорами!
*Aquello era una locura, imagínatelo: miles de
personas riendo, saltando, bailando y ¡tirándose*

tomates los unos a los otros!

Вскоре все стало красным, всем было очень весело.
Poco a poco, todo se volvió rojo y todo el mundo se divertía un montón.

Томатина началась рано и продолжалась все утро!
La Tomatina empezó pronto y ¡duró toda la mañana!

Под конец я был красным с ног до головы, прямо как помидор.
Al terminar, yo estaba lleno de tomate de arriba a abajo, estaba rojo como si yo mismo fuera un tomate.

Даже если вы не верите, это полная правда.
Aunque no os lo creáis, es totalmente cierto.

А знаете, что было самым лучшим? Когда все заканчивается, люди остаются на улицах, музыка продолжает играть и праздник продолжается.
Sabéis qué es lo mejor de todo? Que al terminar todo, la gente sigue en las calles, la música no para y la fiesta sigue.

Итак, мы остались там на целый день, попробовали типичное для Валенсии блюдо (паэлья) и напиток (сангрия).
Por eso, nos quedamos allí todo el día, comimos un plato típico de Valencia, paella, y bebimos una bebida típica, sangría.

Сразу же после обеда мы решили прогуляться по деревне.
Justo después de comer decidimos ir a dar una vuelta por el pueblo.

Когда мы дошли до главной площади, меня ждал там еще один сюрприз… Анна!
Cuando llegamos a la plaza mayor llegó la última sorpresa del día… ¡Anne estaba allí!

Мы подошли к ней и она представила нас своим друзьям.
Nos acercamos y nos presentó a sus amigas.

В этот момент началась танцевальная вечеринка, и мы все вместе танцевали и разговаривали.
Entonces el baile de la fiesta empezó, y todos bailamos juntos y seguimos hablando.

Нам было очень весело и я надеюсь, что это начало большой дружбы…
Nos divertimos mucho, y creo que aquel fue el comienzo de una gran amistad…

Теперь я на все праздники и вечеринки хожу вместе с Анной и собираюсь пригласить ее как-нибудь в кино…
Ahora Anne y yo vamos juntos a todas las fiestas y creo que muy pronto le pediré que salgamos juntos al cine algún día…

Если все пойдет хорошо, Томатина будет для меня больше, чем просто праздник, она станет местом, где можно найти любовь.
Si todo va bien, la Tomatina será a partir de ahora algo más que una gran fiesta será también un lugar para encontrar el amor.

Кто знает?
¿Quién sabe?

Новая любовь в Венеции
Enamorarse en Venecia

1) Мария и Сандро, любовь прошла
1) Maria y Sandro, un amor acabado

Решив отдохнуть от отношений после разрыва с Сандро, я начала снова наслаждаться жизнью, даже сильнее, чем раньше!
Después de un periodo sin salir con nadie, después de romper con Sandro, he vuelto a disfrutar de la vida, ¡y más inspirada que antes!

После двух лет крепких отношений, когда мы даже говорили о свадьбе, наша любовь умерла.
Después de dos años de noviazgo, cuando hasta se hablaba de casarse, nuestro amor fue a la rovina.

Вам, наверное, интересно почему мы все-таки разошлись? Я вам расскажу!
Quizás queréis conocer la razón, pues ¡os lo digo en seguida!

2) Почему мы расстались
2) Porqué nos dejamos

Его родители гостили у меня дома в Венеции, в лагуне, где мы решили жить после свадьбы.
Sus padres fueron nuestros huéspedes en la casa que poseo en Venecia, en la laguna, y en la cual

habíamos decidido vivir después de la boda.

Они приехали на три дня и провели Рождество с нами.
Estaban en mi casa desde hace tres días y habían transcurrido Navidades con nosotros.

Второго января они уехали (слава богу!) и вернулись домой в Верону.
Se fueron el 2 de enero (¡menos mal!) y volvieron a su ciudad nativa, Verona.

Все началось со ссоры, которую затеяла его мать, Паола. Она хотела, чтобы свадьба прошла в их городе, где родился Сандро.
Todo empezó con la discusión abierta por su madre, Paola, que insistía en que la boda fuera celebrada en su ciudad nativa, donde Sandro había nacido.

Его отец в этом не участвовал, всем свои видом он пытался дать мне понять, что не разделяет требований своей жены.
Su papá, al contrario, no tuvo parte en la discusión, sino que trataba de mirarme en los ojos para que pudiera entender que él no estaba de acuerdo con las demandas de su mujer, como me confirmó dentro de poco.

Это будет одним из моих лучших воспоминаний, так как я осознала, что он был искренен и в тот момент, возможно, тоже, открыл бы окно и искупал бы жену в ледяной лагуне.
Voy a guardar este momento como uno de los recuerdos más bonitos porque entendí que él era sincero y que quizás también él, en aquel momento, habría abierto la ventana y dejado que su mujer se

bañara en el agua glacial de la laguna.

Как раз этот спор и разрушил нашу с Сандро идилию: он не встал на мою сторону (возможно из-за слишком сильной любви к своей матери) и даже сделал мне выговор за то, что я повысила голос на его дорогую мамочку.

De hecho, la discusión interrumpió el idilio de amor entre Sandro y yo, el cual no me difendió (quizás por el demasiado amor hacia su madre), ¡sino que hasta me regañó por levantar mi voz contra su querida mamá!

На следующий день, когда он поехал с родителями в Верону, я поняла, что наши мечты умерли.

Ya el día siguiente, cuando él acompañó a sus padres a Verona, había entendido que nuestro sueño de amor se había desvanecido.

Я была права.

No me equivocaba.

Может быть, доведенный своей матерью, он мне и не звонил в течение трех дней, да что говорить, я и сама не хотела звонить ему.

Probablemente empujado por su madre, no me llamó durante tres días y yo hasta pensé en no hacerlo.

Через неделю он позвонил мне и сказал, что, возможно, для всех будет лучше если мы повременим с нашими планами.

Después de una semana, me llamó para decirme que probablemente era mejor dejar nuestros proyectos, por el bien de todos.

Мой мир развалился, а я, злая и разочарованная, осталась в одиночестве, обещая себе, что никогда больше не обручусь!
El mundo me cayó a pedazos y yo, entre la cólera y la desilusión, me retiré en mi solitud, ¡jurando a mi misma que jamás me prometería!

Любовь между нами закончилась… навсегда!
El amor entre nosotros se había acabado... ¡para siempre!

3) Новая встреча
3) Un nuevo encuentro

Морко шел рядом с Клаудией (своей сестрой) и ее женихом (моим братом).
Marco paseaba al lado de Claudia (su hermana) y al lado de su novio (mi hermano).

Мы направлялись к мосту Риальто, чтобы отпраздновать окончание Клауидией университета (юридического). Он пригласил нас в ресторан, где работал его друг.
Estábamos iendo al puente de Rialto para celebrar la licenciatura de Claudia (en derecho) y él nos llevó a comer en un restaurante donde trabaja un amigo suyo.

Когда мы зашли внутрь, он сразу же занял место рядом со мной, напротив жениха и невесты.
Cuando entramos en el restaurante, inmediatamente se sentó a mi lado y delante de los novios.

За столом он положил розы на письмо с пожеланиями своей сестре и произнес: "А вот эта тебе."

En la mesa puso las rosas encima de una tarjeta de felicitaciones para su hermana y me dijo en seguida: "Y esto en cambio es para ti".

После обеда мы сидели за маленькими столиками на краю моста и пили кофе.

Después de comer nos sentamos en unas mesitas cerca de la orilla para beber un café.

Тем временем, внимание полностью перешло исключительно на меня: мой брат, конечно же, завел разговор о моих неудавшихся отношениях с Сандро и моей злости по отношению к всем мужчинам.

Mientras tanto, el centro general de la atención había pasado exclusivamente en mi, hablando (mi hermano en primer lugar) del fracaso de mi relación con Sandro y de mi ira hacia todos los hombres.

На меня вопросительно смотрели и я попыталась объяснить, из-за чего же была так зла. Я старалась не преувеличивать, чтобы не смутить ухаживающего за мной Марко. По-правде говоря, мне это нравилось.

Sintiéndome puesta en duda, me arriesgué para expresar mi ira, pero sin exagerar, también para no hacer pasar vergüenza a Marco, que me estaba cortejando, lo que había entendido desde el principio. Y, para decir la verdad, me gustaba realmente.

4) Милый и честный парень
4) Un chico puro y sincero

Вечерело. В воде видны были первые огни,

освещая уникальный водоем, которым может похвастаться только прекрасная Венеция.

Mientras tanto, la tarde había llegado y las primeras luces se comenzaban a ver en la laguna, iluminando aquel espejo único en el mundo, que sólo la preciosa Venecia puede ofrecer.

Этот вид и атмосфера вызывают чрезвычайно трогательные чувства не только у туристов, но и у городских венецианцев.

Asistir a este espectáculo es una sensación extremamente emocionante no sólo para los turistas, sino también para todos los venecianos que viven la ciudad a diario.

Мне было грустно, я думала о любви, которой больше не было, и которую, как мне казалось, я потеряла навсегда.

Para mi era triste, pensando en el amor que no sentía más y que pensaba haber perdido para siempre.

На этом вечер закончился и я, запутавшаяся, но счастливая, вернулась домой.

En este momento, confundida, pero feliz, volví a casa.

На следующий день я услышала как кто-то позвонил в мою дверь, я думала, что это сосед или почтальон, но кого я увидела на самом деле? Марко!

El día siguiente oí a alguien tocar a la puerta, pensaba que era mi vecina o el cartero, ¿pero quien encontré allí? ¡Marco!

Он держал букет роз для меня (на этот раз голубых) и был одет элегантнее, чем вчера. У него была другая прическа (волосы были замазаны назад гелем), очень изысканная.

Llevaba consigo un ramo de rosas sólo para mi (azules esta vez) y iba vestido hasta más elegante que el día anterior y llevaba un peinado diferente (liso con fijador), uno muy refinado.

Это меня так тронуло, что я, не раздумывая, искренне поцеловала его в щеку.

Este gesto me emocionó mucho, y no vacilé en darle sinceramente un beso en la mejilla.

5) Ночь на островах Лидо
5) Aquella tarde en el Lido

С Марко у нас зародились дружеские отношения и одним вечером мы оказались (не без помощи моего брата, маленького негодника, и его необыкновенно забавной Клаудии) на островах Лидо в Венеции, которые географически являются частью лагуны.

Una nueva amistad había nacido con Marco y una tarde nos empujó hacia el Lido de Venecia, un lugar diferente de la laguna, a pesar de que geograficamente es parte de esa.

Это не туристическая часть Венеции, это та часть, где живет большинство венецианцев, с ресторанами, дискотеками, барами, пляжами (летом), торговыми центрами.

Se trata de la Venecia no turística, es decir la donde la mayoría de los venecianos viven, con restaurantes, discotecas, cafés, playas (en verano), tiendas de importantes marcas de moda.

В ту ночь он также был необыкновенно

очаровательным: он был одет в пиджак с темно-синим галстуком. У него было две красные розы, для меня и Клаудии... Мы собирались пойти пообедать.

También aquella tarde su encanto y su sutileza no fueron desmentidos: se presentó que llevaba una chaqueta y una corbata azul oscuro y dos rosas rojas, una para mi y una para Claudia.. Saldríamos a cena en un rato.

На самом деле, что-то уже меня толкало к Марко, он меня привлекал и я не могла выразить свою радость словами, хотя глаза выдавали меня и он это заметил.

En realidad, algo ya me estaba emocionando, y yo me sentía atraída por él, pero no podía encontrar las palabras para expresar mi alegría, aunque mis ojos me traicionaban y él se había dado cuenta de eso.

Пока двое влюбленных все еще сидели за столом, он пригласил меня на террасу ресторана; когда мы любовались закатом, он повернулся ко мне, улыбнулся, а затем наклонился и сильно меня поцеловал.

De hecho, (mientras los dos novios estaban sentados en la mesa todavía) con una excusa me invitó en la terraza del restaurante, donde, mirando el crepúscolo, se giró hacia mi y me sonrió, y después se dobló y me besó intensamente.

С этого дня Марко открыл для меня большую любовь.

Desde aquel día Marco ha llegado a ser mi gran amor.

6) Волшебный день
6) Un día mágico

Это был самый радостный день в моей жизни!
¡Aquel día fue el más feliz de mi vida!

Летом мы решили провести каникулы на Лидо, потому что для нас это особое место. Место, где наша страсть расцвела, где мы отмечали, где я плакала (на этот раз от радости и счастья, а не от разочарования), где мы обедали и пили шампанское на пляже и, до сегодняшнего дня (мы собираемся пожениться следующим летом) все было необыкновенно волшебным!
En verano optamos por el lido de Venecia para transcurrir nuestras vacaciones, porque representa un lugar especial para nosotros, donde nuestra pasión floreció y donde celebramos, donde lloré (esta vez por amor y por alegría y no por desilusión), donde cenamos y bebimos champán en la playa, después de lo cual... ¡hasta hoy (nos casamos en un año) todo ha sido absolutamente mágico!

Вкусное приключение в Испании
La Aventura de Comer en España

Вы когда-нибудь были в Испании? Это прекрасная страна.
¿Habéis estado alguna vez en España? Es un país maravilloso.

Меня зовут Сара Джонс. Мне тридцать три года.
Mi nombre es Sarah Jones y tengo treinta y tres años.

Уже два года я живу в Лондоне, но мне посчастливилось поучиться пару лет в Испании.
Vivo en Londres desde hace dos años, pero tuve la suerte de estudiar durante un par de años en España.

Я работаю в большом банке в Великобритании. В университете я изучала экономику.
Trabajo para un gran banco del Reino Unido y estudié Economía en la Universidad.

Я замужем, но детей у меня пока нет. Моего мужа зовут Маркос Санчес. Я его встретила, как вы уже догадались по его имени, в Испании.
Estoy casada, pero aún no tengo hijos. Mi marido se llama Marcos Sánchez, y le conocí, como os

imaginaréis por su nombre, en España.

Тем летом мне было двадцать лет, как раз до того, как началась моя учеба.
Yo tenía veinte años y todo el verano por delante antes de que empezara mi primer curso de estudios de Economía en España.

Поэтому я решила провести последнее лето со своей лучшей подругой Анной, в Испании.
Así que decidí irme con mi mejor amiga, Anne, a disfrutar de nuestro último verano juntas en mi nuevo país.

В этом году Анна собиралась поехать учиться в Австралию, мы бы оказались в разных частях света.
Mi mejor amiga Anne iba a irse a estudiar a Australia ese año, así que íbamos a estar cada una en otro lado del mundo.

Анна изучала медицину. Сейчас она замечательный доктор и работает в США.
Anne estudiaba medicina, ahora es una médico excelente que trabaja en Estados Unidos.

Летом в Испании почти везде очень жарко, поэтому вы можете ходить на пляж, в бассейн, гулять ночью, танцевать в клубах…
Durante el verano en España, en casi todas partes hace mucho calor, así que se puede disfrutar de ir a la playa, a la piscina, salir por la noche, bailar en las discotecas…

Другими словами: это было идеальное место для отдыха двух лучших подруг.

En pocas palabras: era un destino ideal para un viaje ideal de dos mejores amigas.

Кроме того, отели, хостелы и квартиры были очень дешевыми в Испании. Мы работали, чтобы у нас у нас было на что провести каникулы вместе.

Además, los hoteles, hostales y apartamentos eran muy baratos en España, y habíamos trabajado durante el curso para ahorrar para pasar las vacaciones juntas.

Мы запланировали трехмесячный тур по Испании, ее побережью, горам, крупнейшим городам и крохотным деревушкам, вечеринкам и праздникам…не хотели пропускать ничего!

Planeamos tres meses recorriendo España, sus costas, sus montañas, las ciudades más grandes, los pueblos más pequeños, fiestas… ¡no queríamos perdernos nada!

Как только приехали, мы начали исследовать местность, веселиться и наслаждаться каникулами. Мы прилетели в Мадрид, столицу Испании, и остановились в небольшом хостеле в центре города, рядом с музеем Прадо.

En cuanto llegamos, empezamos a explorar, a divertirnos y a disfrutar. Aterrizamos en Madrid, la capital de España, donde nos alojamos en un pequeño hostal en el centro, justo al lado del Museo del Prado.

Вы просто обязаны посетить этот музей, если вы любите искусство и находитесь в Испании!

Si te gusta el arte y vas a España ¡no puedes perderte el Museo del Prado!

С картинами Веласкеса, Эль Греко… Просто впечатляюще.
Con todos sus cuadros de Velázquez, El Greco… es impresionante.

После нашей первой прогулки по такому большому музею и центру Мадрида, мы были очень голодны.
Después de nuestro primer paseo por un museo tan grande y por las calles del centro de Madrid, estábamos realmente hambrientas.

Настало время в первый раз попробовать испанскую еду, о которой мы так много слышали.
Era hora de probar, por primera vez, la que siempre nos habían dicho que era deliciosa, la comida de España.

С чего бы начать? Какими будут настоящие тапас? А паэлья?
¿Por dónde empezar? ¿Qué serían las tapas en realidad? ¿Y la paella?

Все блюда были для нас необычными и мы не знали, как они выглядят. В меню же фотографии блюд выглядели очень вкусно и вызывали аппетит.
Eran todasrarísimas comidas para nosotras, no sabíamos qué significaba nada, pero los menús parecían muy sabrosos, y las fotos de la comida realmente excitantes.

Мы зашли в ресторан, который был очень "живым".
Entramos en un restaurante que estaba muy animado.

Парни и девушки пили и ели тапас, нам понравилась расслабляющая атмосфера заведения.
Había muchos chicos y chicas jóvenes bebiendo y tomando "tapas", nos gustó mucho ese ambiente tan relajado.

Тут были и испанцы и туристы со всего мира.
Había gente española, pero también turistas de todas partes del mundo.

Я и Анна сели за столик и решили заказать сначала пару кувшинов сангрии, напиток, который нам рекомендовали люди.
Anne y yo nos sentamos y decidimos pedir, lo primero, un par de jarras de "sangría", una bebida que nos habían recomendado probar.

На улице было жарко и мы очень хотели пить.
Teníamos mucha sed porque hacía mucho calor.

Сангрия оказалась очень вкусным напитком, приготовленным из вина, лимона, свежих фруктов, корицы.
La sangría es una bebida deliciosa, se hace con vino, limón, frutas frescas, canela…

В каждом доме и в каждом баре ингредиенты и пропорции разные.
En cada casa y en cada bar, los ingredientes y proporciones cambian.

Думаю, что в течение этого лета мы попробовали около трех сотен видов сангрии… и все они были изумительными!

Creo que en aquel verano debimos de probar unas trescientas formas diferentes de hacer sangría... ¡y todas estaban muy buenas!

Если вы будете в испании, я рекомендую вам попробовать сангрию.
Así que os recomiendo que, si vais a España, la probéis.

Она содержит алкоголь, поэтому будьте осторожны.
Eso sí, la sangría tiene alcohol, así que sed cuidadosos con ella.

Во многих заведениях делают безалкогольную сангрию. А на вкус она даже лучше!
Lo bueno es que hay muchos sitios en los que también la hay sin alcohol, ¡y está incluso más buena!

И наконец нам принесли наши первые тапас. Сначала были крокетас.
Y entonces, llegaron nuestras primeras tapas. Primero, llegó una cosa llamada croquetas.

Я не знаю, как бы вам получше рассказать о них.
No sé muy bien cómo explicaros lo que son.

Это горячее блюдо, жареное, фаршированное сливками, ветчиной, сыром, мясом... На самом деле вариантов много!
Es una comida caliente, frita, y rellena de una deliciosa crema con jamón, queso, carne... ¡también hay mil opciones!

Затем нам принесли оливки.

Después, llegaron las aceitunas.

Из оливок делают оливковое масло, но в Испании их также едят и сырыми, только добавляют уксус, чеснок, специи, масло… Как мы потом узнали, их тысячи видов и форм.
Las aceitunas es de donde sale el aceite de oliva, pero en España se comen también crudas, con el propio aceite, vinagre, ajo, especias… también, como después pudimos comprobar, había miles de tipos y formas de hacerlas.

Наши первые тапас нам очень понравились.
Nuestras primeras tapas nos gustaron mucho.

Но путешествие продолжалось, и мы пробовали разные блюда испанской кухни.
Pero nuestro viaje siguió avanzando y seguimos probando platos de la cocina española.

Самым удивительным блюдом оказалась знаменитая испанская паэлья.
Uno de los que más nos sorprendió fue la famosísima paella.

Вы знаете, что такое паэлья?
¿Sabéis lo que es la paella?

Мы приехали в Валенсию и остановились в кемпинге рядом с пляжем.
Llegamos a Valencia, donde nos alojamos en un camping al lado de la playa.

Мы арендовали машину для поездки, которая длилась более двух часов, поэтому мы очень проголодались.

Habíamos alquilado un coche para nuestras vacaciones en la playa, y llegamos después de un par de horas de viaje, con mucha hambre, a la playa.

Тут был чирингито – это бар на пляже, прямо на песке, так популярный в Испании.
Allí había un "chiringuito", que es un bar justo en la arena, muy popular en España.

Их фирменным блюдом была паэлья.
Y la especialidad del chiringuito era la paella.

Поэтому мы не стали выбирать и заказали две паэльи.
Así que Anne y yo no esperamos más y nos pedimos una paella para dos.

Паэлья – это блюдо из вареного желтого риса, которое подается горячим.
La paella es un plato de arroz de color amarillo que está guisado y se come caliente.

Рис очень вкусен и обычно подается с различными добавками.
El arroz está muy bueno y suele venir acompañado con todo tipo de cosas.

Например овощами, курицей или морепродуктами.
Por ejemplo, verduras o pollo, pero también mariscos.

Некоторые из них, например крабов, я никогда раньше не пробовала.
Algunos yo no los había comido nunca, como cangrejo.

Нравится ли вам паэлья или нет, но если вы будете в Испании, вы просто обязаны ее попробовать.
Puede que te guste o no la paella, pero desde luego si vas a España deberías probarla.

Как мы потом для себя обнаружили, обычный прием пищи в Испании может оказаться настоящим приключением.
Como fuimos viendo poco a poco, a veces comer en España era una aventura.

Например, когда мы были на севере Испании, мы заказали тапас с чем-то под названием кальос… Я не знаю, как объяснить вам, что это такое, но это что-то типа свиного слизистого мяса, которое мне вообще не понравилось.
Por ejemplo, un día en el norte de España pedimos una tapa de una cosa llamada "callos"… no sé cómo explicaros lo que es, es un tipo de carne de cerdo que a mí no me gustó nada, porque era un poco… viscosa.

Когда мы были в Бургосе, с его выдающимися соборами, мы ели морсилью. Это черная, острая колбаса, приготовленная из свиной крови.
Otro día, en la ciudad de Burgos, que tiene una maravillosa catedral, comimos morcilla, que es una especie de salchicha especiada y negra, que se hace con la sangre del cerdo.

Как вы уже поняли, в Испании едят совершенно иные вещи… очень странные для иностранцев!
Como veis, en España se comen cosas de lo más variado… ¡y muy raras para alguien de fuera!

То, что нам очень понравилось, это испанская ветчина.
Algo del cerdo que sí que nos encantó fue el jamón serrano.

В Испании много блюд из свинины, но я вам рекомендую попробовать ветчину. Она очень вкусная!
En España se come mucha carne de cerdo, pero esta en especial os la recomiendo, porque ¡está riquísima!

Самое забавное произошло, когда в одной из деревень нам принесли тапас из…улиток!
Lo más divertido que nos pasó fue en un pueblo donde nos pusieron una tapa de… ¡caracoles!

Да, из настоящих улиток… мы даже не знали как их есть!
Sí, sí, caracoles… ¡no teníamos ni idea de cómo comerlos!

Анна была посмелее меня и решилась попробовать… но без положительных результатов.
Anne, que es bastante más valiente que yo lo intentó… pero no dio muy buen resultado.

Это было уже слишком и улиток мы не съели.
Aquello era demasiado para nuestras rutinas alimentarias, así que no nos comimos los caracoles.

Испания – это страна вкусной еды и странных блюд. Но в то же время, так интересно и забавно открывать для себя новые блюда с друзьями или семьей будучи на отдыхе.
España es un país lleno de comidas deliciosas,

extravagantes… pero sobre todo, muy divertidas si
las descubrís con vuestros amigos o vuestra familia
en vuestras próximas vacaciones.

Я уверена, после того, как вы попробуете эти и
другие блюда, у вас будет что рассказать, когда вы
вернетесь домой.
Seguro que después de probar estos y otros platos
¡tendréis mil historias que contar a la vuelta!

Необычные магазины Испании
Las curiosas tiendas de España

Меня зовут Марта. Мне сорок два года.
Me llamo Martha y tengo cuarenta y dos años.

Мой муж Стивен и я живем в маленькой деревне
США на среднем западе.
*Mi marido Stephen y yo vivimos en un pequeño
pueblo del medio oeste de Estados Unidos.*

Мы женаты двадцать лет и у нас двое детей.
Llevamos veinte años casados y tenemos dos hijos.

Нашей дочери, Саре, четырнадцать лет, а сыну,
Джону, девять.
*Nuestra hija, Sarah, tiene catorce años y nuestro hijo,
John, tiene nueve años.*

В нашей семье много любви, счастья и хороших
моментов, особенно во время наших путешествий.
*Nuestra familia ha sido bendecida con amor,
felicidad y muy buenos momentos, especialmente en
nuestros viajes.*

Дети все еще ходят в школу, а я работаю в офисе
юриста на полставки.
Los niños van a la escuela todavía, y yo trabajo

media jornada en una oficina de abogados.

У моего мужа свой бизнес. Он покупает и продает машины, его магазины находятся в разных странах.
Mi marido tiene su propio negocio de compra venta de coches, y tiene varias tiendas en varios condados.

Когда Сара и Джон были очень маленькими, мы приучили их путешествовать.
Desde que Sarah y John eran muy pequeños, Stephen y yo les hemos acostumbrado a viajar.

Путешествия всегда были нашей страстью!
¡Los viajes siempre han sido nuestra pasión!

До появления детей мы были во Вьетнаме, ЮАР, Китае…
Antes de tener hijos, viajamos a Vietnam, Sudáfrica, China…

Нашими любимыми странами были экзотические.
Los países más exóticos eran nuestros favoritos.

Но после того, как у нас появились дети, путешествовать стало немного сложно, и мы выбирали страны поближе: Канаду, Мексику и, конечно же, европейские.
Pero cuando tuvimos hijos, viajar se volvió un poco más complicado, y empezamos a optar por destinos más cercanos: Canadá, México… y, por supuesto, Europa.

Очень трудно решить, какую страну Европы посетить: у них у всех много привлекательных мест!

*Es muy difícil decidir qué país visitar en Europa:
¡todos tienen un montón de lugares atractivos!*

Несколько раз мы были во Франции и
Великобритании, но Стивен хотел
попутешествовать по Испании. Для американцев
эта страна немного мистическая, таинственная, с
очень странными обычаями, например фламенко
или битвы быков.
*Hemos viajado a Francia y a Reino Unido en un par
de ocasiones, pero Stephen estaba deseando viajar a
España y recorrer este país, que para los americanos
es un poco mítico, misterioso y con muchas
costumbres extrañas, como el flamenco o los toros.*

Итак, два года назад мы запланировали большое,
семейное путешествие по Испании, конечно же с
детьми, которые делились идеями по поводу мест,
которые хотели бы посетить.
*Así que hace dos años nos decidimos y planeamos
un gran viaje familiar a España, con los niños, por
supuesto, que nos dieron muchas ideas sobre qué
les gustaría visitar allí.*

Мы планировали эту поездку в течение шести
месяцев, покупали билеты на самолет, поезд,
достопримечательности разных городов…
*Estuvimos casi seis meses planificando el viaje,
comprando los billetes de avión, de tren, entradas
para los monumentos de las diferentes ciudades…*

Мы хотели, чтобы все было хорошо спланировано
и без ошибок!
*¡Queríamos tener todo muy bien planeado y que
nada saliera mal!*

41

В первые дни августа мы прилетели в Мадрид и, после двенадцати часов проведенных в самолетах, мы наконец-то были в Испании!
A principios del mes de agosto volamos rumbo a Madrid, y después de más de doce horas de unos y otros vuelos, ¡por fin estábamos en España!

У нас впереди был целый месяц, чтобы познакомиться с этой страной и ее тысячелетней историей.
Teníamos por delante un mes entero para descubrir aquel país fascinante con milenios de historia.

Сначала мы заметили тот факт, что мы совсем не подумали о климате Мадрида (было очень жарко).
Lo primero de lo que nos dimos cuenta fue de que habíamos preparado todo muy bien, pero sin pensar en que haría tanto calor en Madrid aquellos días.

Поэтому первое, что мы сделали, это пошли за солнцезащитным кремом.
Por eso, lo primero que hicimos fue ir a comprar un protector solar.

И тут наши приключения в Испании начались.
Y ahí fue donde empezó nuestra aventura con las compras en España.

Шоппинг в Испании очень отличается от шоппинга в США.
España y Estados Unidos son muy diferentes en cuanto a las compras.

В нашей стране в аптеке можно купить все, от медикаментов до косметики.
En nuestro país, puedes ir a una farmacia y comprar

de todo, desde medicinas hasta champú.

В Испании же все по-другому.
Pero en España no es así.

В аптеках… продаются только лекарства!
Y en las farmacias, por lo general…¡sólo venden
medicinas!

Поэтому мы потратили все утро, пытаясь найти в
аптеках крем. Наконец, одна девушка сказала
нам, что мы должны пойти в *"droguería"*.
Asique estuvimos casi una mañana entrando en una,
dos, tres, infinitas farmacias hasta que nos dimos
cuenta, y finalmente una chica nos explicó que
teníamos que ir a una "droguería" a comprar aquello.

Позже, посмотрев в словарь, мы узнали, что
"droguería" означает хозяйственный магазин.
Después, con el diccionario, vimos que "droguería"
significaba "drug store".

Наконец мы нашли *"droguería"* и купили
солнцезащитный крем.
Al final conseguimos encontrar una y nuestro
protector solar.

Через несколько дней проведенных в Мадриде,
где мы посетили чудесный музей Прадо (потому
что я люблю искусство) и стадион Сантьяго
Бернабеу (потому что мой сын большой фанат
футбола), мы отправились в Барселону.
Tras unos días en Madrid, donde visitamos el
maravilloso Museo del Prado, porque a mí me
encanta el arte, pero también el Estadio Santiago
Bernabeú (porque mi hijo es un fanático del fútbol),

nos fuimos a Barcelona.

Это второй по величине город Испании. Очень красивый город, расположенный на побережье Средиземного моря.
Es la segunda ciudad más grande de España y está en el mediterráneo ¡es una ciudad preciosa!

Одна из вещей, которая нам больше всего понравилась, это чирингито, особый вид бара, который существует только в Испании (я так думаю).
Una de las cosas que más nos gustó fue una especie de bar muy especial que sólo existe en España (o al menos eso creo): el chiringuito.

Что такое чирингито?
¿Qué es el chiringuito?

Это бар, который расположен на пляже, прямо на песке. Тут вы можете днем выпить кофе, коктейль или пиво, а также попробовать паэлью.
Pues es un bar que está justo en la playa, sobre la arena, donde puedes tomarte desde un café a un cóctel por la tarde, pasando por una maravillosa paella o una cerveza.

Вам не кажется, что этот бар все-в-одном просто замечательный?
¿No os parece genial este tipo de sitios todo en uno?

В Барселоне мы сделали несколько экскурсий на пляж и в горы Монтсеррат, которые находятся очень близко к городу. Моя дочь приготовила бутерброды для экскурсий, что оказалось отличной идеей…

En Barcelona hicimos muchas excursiones a la playa
y la montaña de Montserrat, muy cercana a la ciudad,
y para las excursiones, mi hija tuvo la gran idea de
hacer unos sándwiches…

Конечно в Барселоне есть супермаркеты, как и в
остальных городах Испании, но нам нравились
специальные магазины для различных продуктов.
Por supuesto, en Barcelona hay supermercados
como en toda España, pero nos encantó descubrir
las tiendas específicas para los diferentes alimentos.

Например, если вы хотите купить мясо в Испании,
то ищите «carnicería», это мясной магазин.
Por ejemplo, si quieres comprar carne en tu viaje a
España, busca una "carnicería", es decir, una tienda
de carne.

Кроме того есть «charcuterías», где продаются
колбасы и сосиски.
Además, hay "charcuterías" que es el lugar donde
venden los embutidos.

Не только фрукты, но и овощи, вы найдете во
«frutería», другими словами, фруктовом магазине.
La fruta, pero también la verdura, la encontrarás en la
"frutería", o sea, la tienda de fruta.

В "panaderías" продается хлеб, а в "pescaderías"
рыба…
Y así, hay "lechería" para la leche Y así hay
"panaderías" para el pan, "queseríapescaderías" para
elel pescado queso…

В США, конечно, тоже есть такие магазины.
Por supuesto, también en Estados Unidos hay este

45

tipo de tiendas.

Разница в том, что в Испании они по забавному называются и обычно формируют «Меркадо» (рынок) или находятся в районах по соседству.
La diferencia con España son estos divertidos nombres y que estas tiendas suelen estar agrupadas en el "mercado" o en las zonas de alrededor.

Очень весело ходить на Меркадо с утра, когда сюда приходят испанские хозяйки. Они дают ценные советы и рекомендации… Очень милые люди!
Es muy divertido ir al mercado por la mañana, cuando van todas las amas de casa españolas, y disfrutar con sus consejos o recomendaciones… ¡son muy simpáticas!

После Барселоны мы решили поехать на север Испании.
Después de Barcelona decidimos ir a visitar la zona norte de España.

Мы провели несколько дней в Сантьяго-де-Компостела, в месте, где заканчивается путь Святого Джеймса.
Pasamos un par de días en Santiago de Compostela, el lugar donde termina el Camino de Santiago.

Очень духовный город.
Una ciudad muy espiritual.

Любопытно, что в Испании существует много видов церквей с различными названиями: соборы, базилики, эрмитажи…

46

*Algo muy curioso en España es que hay muchos
tipos de iglesias con todo tipo de nombres: catedral,
basílica, ermita…*

Это из-за многолетней христианской истории и
традиций.
*Esto es por la larga historia y tradición cristiana que
ha tenido este país.*

Оттуда мы поехали в деревню в Астурии, которая
находится очень близко.
*Y desde ahí, partimos hacia un pueblo de Asturias
muy cercano.*

Все было невероятно зеленым, очень живым,
полным деревьев, лесов и коров, дающих самое
лучшее молоко в Европе.
*Todo era verde, muy vivo, lleno de bosques y vacas,
que producen de la mejor leche de toda Europa.*

В Астурии мы обнаружили другое очень
интересное место, sidrería.
*En Asturias conocimos otro establecimiento muy
curioso, la sidrería.*

Sidrería – это бар, где продается только сидр,
алкогольный напиток, изготовленный из… яблок!
*La sidrería es un bar en el que prácticamente sólo se
bebe sidra, una bebida alcohólica que se hace a
partir de las… ¡manzanas!*

Он сладкий, очень свежий. Пейте его с
осторожностью, потому что он содержит алкоголь.
*Es dulce y muy fresca, pero hay que tomarla con
precaución ya que lleva alcohol.*

В sidrerías также есть тапас и другие закуски, но их очень мало. Тут главное – сидр.
En las sidrerías hay algunas tapas y algo de comer, pero muy poca variedad, allí lo principal es la sidra.

Из Овьедо, главного города Астурии, мы полетели самолетом на юг страны. Мы не хотели пропустить две исторических и культурных драгоценности Испании: Севилью и Гранаду.
Desde Oviedo, la capital de Asturias, partimos en avión hacia el sur del país, porque no queríamos perdernos dos joyas históricas y culturales de España: Sevilla y Granada.

В этих двух городах Андалусии мы не только увидели самые впечатляющие здания и улицы, а также посетили некоторые магазины и любопытные места.
En estas dos ciudades andaluzas no sólo descubrimos los más impresionantes edificios y lugares, sino algunas tiendas y establecimientos de lo más curioso.

Например в Севилье было несколько десятков магазинов, в которых продается только одежда и аксессуары для фламенко: платья, обувь, *"peinetas", "mantones"* головные уборы для мужчин, куртки...
Por ejemplo, en Sevilla, había unas cuantas decenas de tiendas sólo de ropa de flamenco vestidos, zapatos, peinetas, mantones, sombreros para los hombres, chaquetas…

Короче говоря, все, что мы когда-либо видели на танцорах фламенко. Эту же одежду надевают на *"ferias"*, крупный, ежегодный раздник, который

48

отмечается во многих городах Андалусии.

En definitiva, todo lo que vemos en los bailarines y bailarinas de flamenco, pero también es una ropa que se utiliza en las ferias, una gran fiesta anual que se celebra en muchas ciudades andaluzas.

Наше путешествие по Испании было замечательным. Забавно, что они продают в магазинах только один вид продукта (да и их названия тоже)!

Nuestra experiencia en España descubriendo rincones maravillosos fue genial, pero descubrir estos lugares donde vendían sólo un tipo de productos o cosas, y sus nombres, ¡fue muy divertido!

Во время нашей поездки мы немного выучили испанский язык, благодаря всем этим открытиям, и, я надеюсь, что вы тоже чему-то научились, прочитав нашу историю.

Aprendimos mucho español durante nuestro mes en España gracias a estos descubrimientos, y espero que vosotros también lo hayáis aprendido con nuestra historia.

Почему я? История о неуклюжем Джордже.
¿Por qué yo? El relato corto de George, el torpe.

Если вы считаете себя неуклюжим и невезучим человеком, то я уверен, что ваше невезение ничто, по сравнению с неудачами моего друга Джорджа.
Si piensas que eres una persona torpe y con mala suerte, puedes estar seguro de que no es nada en comparación a mi amigo George.

Джорджу семнадцать лет и он прошел через все возможные унизительные ситуации.
George es un joven de diecisiete años que ha pasado por todas las situaciones embarazosas imaginables.

Этот бедняга-француз из Парижа уже сломал себе семь костей, включая кости бедра и ключицы.
Este pobre niño francés, habitante de la ciudad de París, se ha rompido ya siete huesos, incluidos el fémur y la clavícula.

Ему наложили 89 швов, и он получил наихудшую репутацию в городе.
Le han puesto ya ochentainueve puntos y por eso tiene la peor fama de la ciudad.

Его прозвали неуклюжим смурфом Парижа.
Lo llaman el pitufo torpe de París.

Не верите? Вот один день из его жизни:
¿No me crees? Te describo un día de su vida:

Каждый день Джордж встает в семь часов утра, чтобы вовремя позавтракать.
George se levanta todas las mañanas a las siete para llegar puntualmente al desayuno.

Звенит будильник и он пытается выключить его. В итоге он роняет стакан с водой на электрический кабель и чуть не убивает током свою кошку. Кошку зовут Сафир и ей всего лишь год.
Suena su despertador e intenta apagarlo. Cuando lo hace, tira un vaso de agua por encima de un cable eléctrico y casi electrocuta a su gato Saphir, que tiene un año.

Удивительно, что она так долго прожила.
Es sorprendente que el gato haya sobrevivido durante tanto tiempo.

Последний питомец Джорджа, его золотая рыбка со странным именем Василек, умерла в автомобильной катастрофе, когда Джордж вез ее домой из зоомагазина, где он ее и купил.
La última mascota de George, su carpa dorada, que curiosamente tenía el nombre de aciano, se murió en un accidente de coche cuando George intentó llevarlo a casa desde la tienda de animales donde lo había comprado.

Спускаясь по лестнице, он спотыкается на второй

ступеньке и падает вниз. На шаг больше, чем вчера.
Cuando baja por las escaleras se tropieza con el segundo escalón, un escalón más que ayer.

Мать уже ждет его внизу с бинтами наготове.
Su madre ya lo está esperando abajo en las escaleras, con tiritas y vendas a mano.

„Джордж, три дня прошло с нашей последней поездки в больницу.
„George, hace tres días ahora que no te he llevado al hospital.

Скоро ты побьешь свой рекорд: четыре дня без посещения больницы.
Estás a punto de romper tu récord de cuatro días sin ir.

Будь осторожнее, сынок! Сегодня очень важный день, ты же знаешь. Сегодня День Трех Царей, и я приготовила пирог для сегодняшнего вечера."
¡Ten cuidado, hijo! Hoy es un día importante, es el día de Reyes y he preparado nuestro roscón de Reyes para esta noche."

„Да, мам. Я прекрасно знаю, что сегодня шестое января, но я не чувствую праздника.
„Sí mamá, sé que estamos a seis de enero, pero no me apetece mucho.

Я найду "боб несчастий", спрятанный в пироге"
Encontraré la alubia de la mala suerte de porcelana escondida en el roscón."

„Возможно и так, сынок, но, по крайней мере, ты

насладишься десертом!"
„Probablemente cierto, hijo, pero ¡por lo menos
podrás disfrutar del postre!"

Не заходя на кухню (кто знает, обо что Джордж
может там споткнуться), он идет на улицу
подышать свежим воздухом.
Sin arriesgarse en la cocina, a saber qué cosas le
podrían pasar al pequeño George, se sale afuera
para tomar el aire.

Снег отражает яркий свет в глаза Джорджа, но ему
удается дойти до тротуара.
The snow reflects the bright light in George's eyes,
but he manages to walk towards the side-walk.

Слушаясь свою мать, он изо всех сил старается
быть более осторожным.
Haciendo caso a las instrucciones de su madre, hace
todo lo posible por tener cuidado.

К сожалению, как он ни старайся, но неприятности
найдут Джорджа везде.
Desafortunadamente, George lo puede intentar, pero
los problemas lo encuentran en todas partes.

Пытаясь обойти лед на тротуаре, он идет по снегу.
Para evitar el hielo en un lado de la acera, camina
por la nieve del otro lado.

Но бедняга не подумал, что под снегом тоже лед.
Pero el pobre necio no se dio cuenta de que también
había hielo debajo de la nieve.

Обращая все меньше и меньше внимания на сови
шаги, Джордж поскользнулся в двадцати метрах от

порога своего дома, пройдя на пять метров меньше, чем вчера.

Prestando menos y menos atención a sus pasos, se resbaló a unos veinte metros del umbral de su puerta, a cinco metros menos que ayer.

Поднимаясь, он осознал, что сломал копчик.

Al levantarse se da cuenta de que se ha roto el coxis.

К счастью он знает, что в больницу из-за такой травмы он не пойдет. У него были сотни подобных травм, и он хорошо проинформирован в этой среде.

Afortunadamente sabe que con esta lesión no es necesario ir al hospital, con la experiencia de centenares de lesiones similares, está bien informado en este campo.

Больше не рискуя, он решает осторожно вернуться домой.

Sin arriesgarse más, se vuelve cuidadosamente a casa.

И да! Идя в кухню, он поскальзывается на банановой кожуре, которую его брат специально положил на скользкий пол, только что помытый матерью.

¡Y sí! Cuando entra en la cocina de su casa, se resbala en una cáscara de plátano que su hermano había dejado adrede en el suelo, después de haberlo fregado su madre. .

“Я так и знал!”, сказал его брат, громко смеясь.

„Wieder einmal typisch!“ sagt sein Bruder Antoine mit einem Lachen, das den ganzen Raum erfüllt .

„Как же мне нравится, когда ты страдаешь!
„¡Cuánto me gusta hacerte sufrir!

И кроме того, я самый младший в семье и я позабочусь о том, чтобы боб несчастий достался сегодня тебе!"
Y además me voy a encargar yo, el más joven de la familia, ¡de que esta noche te toque la alubia de la mala suerte!"

„Хватит, Антуан!" приказала мать, закончив, таким образом, их беседу.
„¡Basta ya, Antoine!" ordenó la madre, dando fin a la corta conversación.

Джордж стал подниматься по лестнице, сделал три шага, споткнулся и ударился о ступеньку прямо носом.
George subió las escaleras y alcanzó el tercer escalón antes de caerse de cara y darse con la nariz en las escaleras.

Удивительно, что со всеми этими травмами, его нос оставался целым.
Es sorprendente que su nariz siga intacta con todas estas lesiones.

На этот раз уже его отец с бинтами встречает его наверху.
Esta vez es su padre quien le espera al final de los escalones con tiritas y vendas a mano.

Джордж возвращается в свою комнату и Сафир сразу же прячется от своего хозяина.
George vuelve a su habitación y Saphir se esconde rápidamente lejos de su amo.

Джордж заходит в ванную. Пол, недавно помытый матерью, очень скользкий.
George se va al baño. El suelo había sido fregado por su madre y estaba resbaladizo.

И, конечно же, Джордж поскальзывается и падает прямо на копчик.
Y por supuesto que George se resabaló aterrizando directamente en su coxis.

Принимая горячий душ, он уронил мыло раз восемнадцать за шесть минут, в общем три раза за минуту, каждые двадцать секунд.
Mientras estaba tomando una buena ducha caliente para cambiar de pensamientos, dejó caer su pastilla de jabón dieciocho veces en seis minutos, es decir tres veces por minuto, cada veinte segundos.

Как назло закончилась горячая вода, и Джордж околел от ледяной воды.
Y como si no fuera bastante mala suerte, a George le faltaba agua caliente y el agua frío hizo que se helara. .

Резкая смена температуры воды ошарашила его и он упал на спину.
Este cambio repentino de temperatura lo cogió por sorpresa y le hizo caerse de espaldas.

Падая, он попытался ухватиться за шторку, чтобы сохранить равновесие.
Cuando caía intentó agarrar su cortina de ducha intentando equilibrarse.

В итоге он оказался на полу, завернутый в шторку,

как буррито, а вода текла прямо на пол.

Terminó acostado en el suelo, envuelto en la cortina de ducha como un burrito humano, con agua que se salía de la bañera al suelo.

Он умудрился одеться без каких-либо проблем.

Consiguió vestirse sin ningún problema.

Тем не менее, мать заставила его переодеться, потому что одет он был в клетчатую рубаху, на которой было пятно от горчицы, и полосатые, оранжево-зеленые штаны.

Pero su madre le hizo cambiarse ya que llevaba una camisa a cuadros llena de manchas de mostaza amarillas y un pantalón a rayas naranjas y verdes que estaba roto.

Джордж не был дальтоником, но иногда его мать в этом сомневалась.

George no era daltónico aunque su madre tuviera sus dudas.

Джордж решил вздремнуть до обеда. Он думал, что пока он спит, он защищен от возможных несчастных случаев.

George decidió dormir hasta la cena. Según él estaba protegido de posibles accidentes cuando dormía.

Тем не менее, во верямя сна он ворочается из стороны в сторону.

Sin embargo se cae y se mueve por todas partes durante su descanso.

Иногда он ходит во сне. Ходит по своей комнате, натыкается и роняет разные вещи.

George también es sonámbulo. Va corriendo por su

habitación y lanza cosas.

А кошка – жертва его атак.
Su pobre gato es víctima de ese ataque.

В шесть часов начинается обед.
A las seis es hora de cenar.

Спускаясь, он спотыкается несколько раз, но это уже не удивительно!
Mientras se dirige hacia ahí, se tropieza varias veces, pero ¡ya no sorprende eso!

Мать накрывает на стол и приносит блюда.
Su madre pone la mesa y sirve varios platos.

Увидев сыр и виноград, Джордж тянется за ножом для сыра и тарелкой.
George ve un plato de queso y uvas y estira el brazo para cogerse un cuchillo para cortar queso y un plato.

Его двоюродный брат, Джулиан, сразу же протягивает ему повязку.
Su primo Julianne le acerca una tirita sin vacilar.

Не поняв в чем дело, Джордж смотрит на руку.
George mira su mando confundido.

Оказалось, что он порезался между большим и указательным пальцем.
Y efectivamente se había cortado entre su pulgar y dedo índice.

За обеденным столом раздались смешки.
Risa se extendió alrededor de la mesa.

Сафир прибежал как раз к главному блюду и запрыгнул на колени хозяина.
Saphir salta a las piernas de su amo habiendo llegado al plato principal. .

Желая покормить его рыбой, Джордж держит тарелку под столом.
George le quiere dar un poco de pescado y le ofrece su plato debajo de la mesa.

Хотя и не полностью по вине нашего неуклюжего смурфа, тарелка упала и разбилась вдребезги.
Aunque no fuera del todo la culpa de nuestro pitufo torpe, se cayó el plato y se rompió en mil pedazos.

Мать принесла ему с кухни другую, на этот раз из бумаги.
Su madre volvió a la cocina para coger otro plato, siendo esta vez de papel.

И, наконец, пришло время царского пирога!
¡Y por fín es hora de tomar el roscón de Reyes!

Антуан, самый младший в семье, разрезал пирог и разложил его по тарелкам.
Antoine, el más joven de la familia, cortó el rescón y lo sirvió a su familia.

Осторожно отрезав первый кусок, он дал его матери.
Cortó cuidadosamente el primer trozo y se lo dio a su madre.

Второй кусок он дал отцу и так далее.
El segundo trozo lo dio a su padre y así seguía.

Последний кусок, самый маленький, он дал Джорджу.
El último trozo, más pequeño que los otros, se lo dio a George.

Без колебаний Джорд протыкает ложкой середину куска и начинает что-то искать в миндальном тесте.
Sin dudarlo mete su cucharita dentro de su trozo del roscón y hurga en la masa de almendras.

Через какое-то время ему начинает это надоедать и он во второй раз копает ложкой желтоватый крем.
Al tiempo se desmotiva. Mete una segunda vez la cucharita para hurgar la crema amarillenta.

Он смотрит на членов семьи. Все смотрят на мать со скрытой улыбкой.
Mira a todos los miembros de su familia. Miran todos a su madre con una leve sonrisa.

Обычно другой был бы огорчен, если нашел бы боб несчастий.
Normalmente los otros estarían frustrados si encontraran la alubia de la mala suerte.

Джордж в замешательстве. Он заметил что его брат плачет под столом и решил еще раз посмотреть в своем торте.
George está confundido. Ve a su hermano llorando debajo de la mesa y decide buscar otra vez en su trozo del roscón.

Копнув немного поглубже, он почувствовал, что там что-то есть, что-то твердое.

Cuando llega un poco más hacia abajo nota otra consistencia en la masa, algo más duro.

Джордж в восторге! Он разрезает кусок на две половины и достает огромную ложку крема.
¡George se puso muy nervioso! Corta su trozo de roscón en dos partes y coge una cucharadita de la crema de almendras.

И конечно же! Он находит маленького царя!
Y es cierto...¡Encuentra el pequeño rey de porcelana!

Фигурка приносит удачу и радость каждому, кто ее найтет.
Se supone que la figura da suerte y alegría a quien la encuentre.

Надеясь что он обрел удачу, Джордж вскакивет со стула и несется к лестнице.
Con la esperanza de haber encontrado suerte, George se levanta y va rápido hacia las escaleras. .

Одна, две, три, четыре, пять, шесть, семь, восемь, девять, десять, одиннадцать и двенадцать.
Uno, dos, tres, cuatro, cinco, seis, siete, ocho, nueve, diez, once y doce.

Он умудрился преодолеть всю лестницу без проблем.
Consiguió subir todos los escalones sin ningún problema.

Он так же удачно спускается и видит мать с бинтами, удивленную и радостно смотрящую на него.

Con la misma suerte baja las escaleras y ve a su madre con tiritas y vendas en la mano observándolo con asombro y alegría.

Джордж выходит на улицу и бежит по льду.
George sale y corre por encima del hielo.

Десять метров, двадцать, тридцать, сорок, пятьдесят, шестьдесят, семьдесят, восемьдесят, девяносто, сто.
Diez metros, veinte, treinta, cuarenta, cincuenta, sesenta, setenta, noventa, cien.

Он без проблем бежит назад!
Vuelve corriendo sin ningún problema.

Этим вечером мать Джорджа и Антуана объясняет все своему мужу.
Aquella noche la madre de George y Antoine se lo explica todo a su marido.

„Я положила фигурки в каждый кусок пирога.
„He metido figuritas en cada trozo del roscón.

Да, это нарушение традиции, но иногда эффект плацебо – это все что нам необходимо для исцеления.
Sí, he roto la tradición, pero un efecto placebo es de vez en cuando lo único que necesitamos para curarnos.

Наш маленький смурф стал героем. Я так счастлива.”
Nuestro pequeño pitufo se ha convertido en un héroe. Y me pone muy contenta. "

„Отличная работа, Лиза! Я всегда знал, что ты способна сделать все что угодно для нашей семьи.
„¡Muy bien, Lisa! Siempre he sabido de que eres capaz de hacerlo todo por nuestra familia.

Я надеюсь ты понимаешь, что в следующем году его удача может исчезнуть, если он не найдет царя снова.”
Espero que tengas en cuenta que el año que viene puede que desaparezca su suerte si no encuentra el pequeño rey de porcelana de nuevo" dijo en tono burlón, pero con una risa amable.

В жизни важно всегда видеть хорошую сторону вещей.
En esta vida es importante ver siempre el lado positivo de las cosas

У ледей не всегда бывает жизнь легкой, но мы можем кое-чему научиться из этой истории.
Las personas no siempre tienen una vida fácil, pero podemos aprender de este relato.

Возьми свою жизнь в собственные руки и достигай своих целей.
Toma las riendas de tu vida e intenta conseguir tus metas.

Однажды и ты найдешь свою волшебную фигурку.
Algún día encontrarás tu propia figurita de la suerte.

*1
Le petit déjeuner: завтрак, по-французски. В северо-американском французском часто используется выражение „déjeuner“.

Le petit déjeuner: „Desayuno" en francés. En el francés de América del Norte se suele utilizar la expresión „déjeuner".

2*

„L'épiphanie" французский праздник. Во время этого праздника существует традиция подавать к столу царский пирог. Этот сладкий десерт обычно сделан из миндального заварного крема и слоеного теста. Поверхность пирога изящно украшается. Готовящий прячет в десерте маленькие фарфоровые фигурки. Считается, что они приносят удачу и счастье тому, кто их найдет.

„L'épiphanie", la epifanía o el día de Reyes es un día festivo en Francia. Es tradición tomar la „Galette des Rois", el roscón de Reyes, ese día. Este postre dulce está hecho normalmente de hojaldre con crema de almendras. Se esconde una pequeña figurita de la suerte dentro que da suerte y alegría.

3*

Daltonien: дальтоник

Daltonien: daltónico

*4

Benjamin: самый младший член семьи. Обычно он разрезает и раздает царский пирог.

Benjamin: el miembro más joven de la familia. Según la tradición es el miembro más joven de la familia quien reparte la Galette des Rois.

RUSO

Приключение на Ла Томатину

Меня зовут Шон. Мне двадцать один год. Я из Нью-Йорка, но уже 6 лет живу в Испании, в Барселоне. Я изучаю литературу Испании. Мне очень повезло в том, что я приобретаю этот опыт именно в Испании. Но иногда... случаются необычные и забавные истории, об одной из них я вам сегодня и расскажу. Я приехал в Испанию в марте и поселился в прекрасной кваритире в центре города, деля ее с очень дружелюбными юношами и девушками.

Жить в центре такого красивого города – это большое удовольствие. Все находится очень близко, даже университет. В доме мы живём вчетвером. Сара приехала из Севильи. Ей 26 лет, она изучает архитектуру. Хосе из Барселоны. Ему 20 лет. Он учится на инженера и увлекается футболом. И наконец Андреа, девушка с юга Франции. Ее родители испанцы. Она изучает рекламное дело, а также танцует фламенко. Разве они не замечательные? Мы хорошо ладим друг с другом, и жить с ними очень легко.

Вы были в Барселоне? Это один из крупнейших городов Испании. Он находится на северо-западе страны. Он расположен на берегу моря, поэтому тут есть все самое лучшее, что может предложить большой город (дискотеки, большие университеты, торговые центры для шоппинга, рестораны, музеи), а также пляжи Испании (хорошая погода, море, сотни красивых пляжей). Кроме того, Барселона окружена горами со всех сторон и находится рядом с Пиренеееями. Это самые высокие горы в Испании, тут можно кататься на лыжах зимой и в начале весны. Отличное место для жизни, не так ли?

В Барселоне весна проходит быстро. Я уделял много времени учебе, а по вечерам играл в футбол с Хосе и его командой. В Испании учебный год заканчивается в июне. Я сдал экзамены по всем своим предметам очень хорошо. Впереди меня ждало полное планов лето, которое я собирался провести на пляже с друзьями. Кроме того, мне рассказывали, что летом в Испании в каждой деревне проходят традиционные и популярные праздники, но многие из них для меня казались очень странными, и я их не понимал.

Мой друг Хосе позвонил мне в июле и пригласил на праздник, который должен был состояться в августе, в одной из деревень в Валенсии. Он заверил меня, что это самый крупный праздник, на котором я когда-либо был, и что я просто не могу его пропустить. "Почему этот праздник такой особенный?" – спросил я его. А он...и слова мне о нем не сказал! Сказал лишь, что это сюрприз и дал мне только его название.   Праздник назывался... Томатина

Конечно, в наше время существует множество веб-сайтов и мест, где я мог бы найти информацию о таинственном «Ла Томатина», но друг заставил меня пообещать ему, что я не буду пытаться что-либо разузнать. Хосе купил два билета на автобус и принес их домой. Таким образом я узнал, что деревня, где будет проходить праздник, называется Буньоль. Наконец-то я узнал что-то еще о загадочном летнем празднике, на который я должен был пойти. Буньоль оказался небольшой деревушкой в центре Валенсии Каким же будет этот "большой" праздник в таком маленьком месте? Это все еще было тайной.

За неделю до праздника, Сара, моя соседка по комнате, объяснила мне что значит "томатина". "Томатина" — это что-то вроде маленького помидора. С чем же тогда был связан этот праздник? Праздник, на котором ищут самые маленькие помидорки в мире? Какая чушь! Как вы можете себе представить, в тот момент я с нетерпением ждал праздника, но в то же время думал... куда, черт возьми, я собираюсь?

В день Томатины мы проснулись очень рано... в 3 часа утра! Очень быстро позавтракали и побежали на автобусную станцию. На ней было много таких же молодых студентов (несколько сотен, не меньше), и все они ждали автобуса в Буньоль. Мы сели и стали ждать свой автобус, а я разговаривал с девушкой из Франции. Ее звали Анна, она рассказала мне, что Томатина – это самый лучший праздник, на котором она когда-либо была. И что она уже третий год подряд едет в Буньоль на Томатину!

Я долго говорил с Анной. Она не говорила по-испански, ее английский был немного странным (у нее был забавный французский акцент), но она была очень мила. Девушка была невероятно красивой блондинкой, с очень светлой кожей и зелеными глазами. Однако наше общение прервалось, ей нужен был автобус номер пятнадцать, а мой был номер восемь. Как жалко! Вы не находите?

Автобус уже казался большим праздником. Он был полон молодых людей, которые хотели веселиться. Все пели песни на испанском (я их не понимал, так как они были очень сложными) и пили сангрию, чтобы не было так жарко. Ну а поездка оказалась очень долгой! Более пяти часов понадобилось, чтобы приехать на знаменитую Томатину! Наконец мы приехали в Буньоль.

Тут собрались тысячи людей! Все были очень радостными, многие носили очки для плавания, купальные костюмы, шорты, сандалии, непромокаемые шляпы... Зачем нужны были все эти вещи? Мы медленно шли и, наконец, добрались до центра деревни, он был полон людей. Вдруг заиграла музыка, и все начали танцевать. Это и была Томатина? Происходящее не показалось мне чем-то особенным... Я осознал, что музыка шла из огромных грузовиков. В грузовиках были люди, которые бросали что-то вниз. Что это такое? Что-то красное и круглое... похожее на...помидоры!

И я засмеялся. Мой друг Хосе поинтересовался моим мнением. Я был безумно счастлив! Это безумство! Только представьте себе: тысячи людей смеются, скачут, танцуют и бросаются помидорами! Вскоре все стало красным, всем было очень весело. Томатина началась рано и продолжалась все утро! Под конец я был красным с ног до головы, прямо как помидор. Даже если вы не верите, это полная правда.

А знаете, что было самым лучшим? Когда все заканчивается, люди остаются на улицах, музыка продолжает играть и праздник продолжается. Итак, мы остались там на целый день, попробовали типичное для Валенсии блюдо (паэлья) и напиток (сангрия). Сразу же после обеда мы решили прогуляться по деревне. Когда мы дошли до главной площади, меня ждал там еще один сюрприз... Анна! Мы подошли к ней и она представила нас своим друзьям. В этот момент началась танцевальная вечеринка, и мы все вместе танцевали и разговаривали. Нам было очень весело и я надеюсь, что это начало большой дружбы...

Теперь я на все праздники и вечеринки хожу вместе с Анной и собираюсь пригласить ее как-нибудь в кино... Если все пойдет хорошо, Томатина будет для меня больше, чем просто праздник, она станет местом, где можно найти любовь. Кто знает?

Новая любовь в Венеции

1) Мария и Сандро, любовь прошла

Решив отдохнуть от отношений после разрыва с Сандро, я начала снова наслаждаться жизнью, даже сильнее, чем раньше! После двух лет крепких отношений, когда мы даже говорили о свадьбе, наша любовь умерла. Вам, наверное, интересно почему мы все-таки разошлись? Я вам расскажу!

2) Почему мы расстались

Его родители гостили у меня дома в Венеции, в лагуне, где мы решили жить после свадьбы. Они приехали на три дня и провели Рождество с нами. Второго января они уехали (слава богу!) и вернулись домой в Верону.

Все началось со ссоры, которую затеяла его мать, Паола. Она хотела, чтобы свадьба прошла в их городе, где родился Сандро. Его отец в этом не участвовал, всем свои видом он пытался дать мне понять, что не разделяет требований своей жены. Это будет одним из моих лучших воспоминаний, так как я осознала, что он был искренен и в тот момент, возможно, тоже, открыл бы окно и искупал бы жену в ледяной лагуне.

Как раз этот спор и разрушил нашу с Сандро идилию: он не встал на мою сторону (возможно из-за слишком сильной любви к своей матери) и даже сделал мне выговор за то, что я повысила голос на его дорогую мамочку. На следующий день, когда он поехал с родителями в Верону, я поняла, что наши мечты умерли. Я была права.

Может быть, доведенный своей матерью, он мне и не звонил в течение трех дней, да что говорить, я и сама не хотела звонить ему. Через неделю он позвонил мне и сказал, что, возможно, для всех будет лучше если мы повременим с нашими планами. Мой мир развалился, а я, злая и разочарованная, осталась в одиночестве, обещая себе, что никогда больше не обручусь! Любовь между нами закончилась… навсегда!

3) Новая встреча

Морко шел рядом с Клаудией (своей сестрой) и ее женихом (моим братом). Мы направлялись к мосту Риальто, чтобы отпраздновать окончание Клауидией университета (юридического). Он пригласил нас в ресторан, где работал его друг. Когда мы зашли внутрь, он сразу же занял место рядом со мной, напротив жениха и невесты.

За столом он положил розы на письмо с пожеланиями своей сестре и произнес: "А вот эта тебе." После обеда мы сидели за маленькими столиками на краю моста и пили кофе. Тем временем, внимание полностью перешло исключительно на меня: мой брат, конечно же, завел разговор о моих неудавшихся отношениях с Сандро и моей злости по отношению к всем мужчинам. На меня вопросительно смотрели и я попыталась объяснить, из-за чего же была так зла. Я старалась не преувеличивать, чтобы не смутить ухаживающего за мной Марко. По-правде говоря, мне это нравилось.

4) Милый и честный парень

Вечерело. В воде видны были первые огни, освещая уникальный водоем, которым может похвастаться только прекрасная Венеция. Этот вид и атмосфера вызывают чрезвычайно трогательные чувства не только у туристов, но и у городских венецианцев. Мне было грустно, я думала о любви, которой больше не было, и которую, как мне казалось, я потеряла навсегда. На этом вечер закончился и я, запутавшаяся, но счастливая, вернулась домой.

На следующий день я услышала как кто-то позвонил в мою дверь, я думала, что это сосед или почтальон, но кого я увидела на самом деле? Марко! Он держал букет роз для меня (на этот раз голубых) и был одет элегантнее, чем вчера. У него была другая прическа (волосы были замазаны назад гелем), очень изысканная. Это меня так тронуло, что я, не раздумывая, искренне поцеловала его в щеку.

5) Ночь на островах Лидо

С Марко у нас зародились дружеские отношения и одним вечером мы оказались (не без помощи моего брата, маленького негодника, и его необыкновенно забавной Клаудии) на островах Лидо в Венеции, которые географически являются частью лагуны. Это не туристическая часть Венеции, это та часть, где живет большинство венецианцев, с ресторанами, дискотеками, барами, пляжами (летом), торговыми центрами.

В ту ночь он также был необыкновенно очаровательным: он был одет в пиджак с темно-синим галстуком. У него было две красные розы, для меня и Клаудии... Мы собирались пойти пообедать. На самом деле, что-то уже меня толкало к Марко, он меня привлекал и я не могла выразить свою радость словами, хотя глаза выдавали меня и он это заметил. Пока двое влюбленных все еще сидели за столом, он пригласил меня на террасу ресторана; когда мы любовались закатом, он повернулся ко мне, улыбнулся, а затем наклонился и сильно меня поцеловал. С этого дня Марко открыл для меня большую любовь.

6) Волшебный день

Это был самый радостный день в моей жизни!

Летом мы решили провести каникулы на Лидо, потому что для нас это особое место. Место, где наша страсть расцвела, где мы отмечали, где я плакала (на этот раз от радости и счастья, а не от разочарования), где мы обедали и пили шампанское на пляже и, до сегодняшнего дня (мы собираемся пожениться следующим летом) все было необыкновенно волшебным!

Вкусное приключение в Испании

Вы когда-нибудь были в Испании? Это прекрасная страна. Меня зовут Сара Джонс. Мне тридцать три года. Уже два года я живу в Лондоне, но мне посчастливилось поучиться пару лет в Испании. Я работаю в большом банке в Великобритании. В университете я изучала экономику. Я замужем, но детей у меня пока нет. Моего мужа зовут Маркос Санчес. Я его встретила, как вы уже догадались по его имени, в Испании.

Тем летом мне было двадцать лет, как раз до того, как началась моя учеба. Поэтому я решила провести последнее лето со своей лучшей подругой Анной, в Испании. В этом году Анна собиралась поехать учиться в Австралию, мы бы оказались в разных частях света. Анна изучала медицину. Сейчас она замечательный доктор и работает в США. Летом в Испании почти везде очень жарко, поэтому вы можете ходить на пляж, в бассейн, гулять ночью, танцевать в клубах… Другими словами: это было идеальное место для отдыха двух лучших подруг. *Кроме того, отели, хостелы и квартиры были очень дешевыми в Испании. Мы работали, чтобы у нас у нас было на что провести каникулы вместе.*

Мы запланировали трехмесячный тур по

Испании, ее побережью, горам, крупнейшим городам и крохотным деревушкам, вечеринкам и праздникам…не хотели пропускать ничего! Как только приехали, мы начали исследовать местность, веселиться и наслаждаться каникулами. Мы прилетели в Мадрид, столицу Испании, и остановились в небольшом хостеле в центре города, рядом с музеем Прадо. Вы просто обязаны посетить этот музей, если вы любите искусство и находитесь в Испании! С картинами Веласкеса, Эль Греко… Просто впечатляюще.

После нашей первой прогулки по такому большому музею и центру Мадрида, мы были очень голодны. Настало время в первый раз попробовать испанскую еду, о которой мы так много слышали. С чего бы начать? Какими будут настоящие тапас? А паэлья? Все блюда были для нас необычными и мы не знали, как они выглядят. В меню же фотографии блюд выглядели очень вкусно и вызывали аппетит.

Мы зашли в ресторан, который был очень "живым". Парни и девушки пили и ели тапас, нам понравилась расслабляющая атмосфера заведения. Тут были и испанцы и туристы со всего мира. Я и Анна сели за столик и решили заказать сначала пару кувшинов сангрии, напиток, который нам рекомендовали люди. На улице было жарко и мы очень хотели пить. Сангрия оказалась очень вкусным напитком, приготовленным из вина, лимона, свежих фруктов, корицы. В каждом доме и в каждом баре ингредиенты и пропорции разные.

Думаю, что в течение этого лета мы попробовали около трех сотен видов сангрии... и все они были изумительными! Если вы будете в испании, я рекомендую вам попробовать сангрию. Она содержит алкоголь, поэтому будьте осторожны. Во многих заведениях делают безалкогольную сангрию. А на вкус она даже лучше!

И наконец нам принесли наши первые тапас. Сначала были крокетас. Я не знаю, как бы вам получше рассказать о них. Это горячее блюдо, жареное, фаршированное сливками, ветчиной, сыром, мясом... На самом деле вариантов много! Затем нам принесли оливки.
After that, the olives arrived. Из оливок делают оливковое масло, но в Испании их также едят и сырыми, только добавляют уксус, чеснок, специи, масло... Как мы потом узнали, их тысячи видов и форм. Наши первые тапас нам очень понравились. Но путешествие продолжалось, и мы пробовали разные блюда испанской кухни. Самым удивительным блюдом оказалась знаменитая испанская паэлья. Вы знаете, что такое паэлья?

Мы приехали в Валенсию и остановились в кемпинге рядом с пляжем. Мы арендовали машину для поездки, которая длилась более двух часов, поэтому мы очень проголодались. Тут был чирингито – это бар на пляже, прямо на песке, так популярный в Испании. Их фирменным блюдом была паэлья. Поэтому мы не стали выбирать и заказали две паэльи. Паэлья – это блюдо из вареного желтого риса, которое подается горячим. Рис очень вкусен и обычно подается с различными добавками. Например овощами, курицей или морепродуктами. Некоторые из них, например крабов, я никогда раньше не пробовала. Нравится ли вам паэлья или нет, но если вы будете в Испании, вы просто обязаны ее попробовать.

Как мы потом для себя обнаружили, обычный прием пищи в Испании может оказаться настоящим приключением. Например, когда мы были на севере Испании, мы заказали тапас с чем-то под названием кальос... Я не знаю, как объяснить вам, что это такое, но это что-то типа свиного слизистого мяса, которое мне вообще не понравилось.

Когда мы были в Бургосе, с его выдающимися соборами, мы ели морсилью. Это черная, острая колбаса, приготовленная из свиной крови. Как вы уже поняли, в Испании едят совершенно иные вещи... очень странные для иностранцев! То, что нам очень понравилось, это испанская ветчина. В Испании много блюд из свинины, но я вам рекомендую попробовать ветчину. Она очень вкусная!

Самое забавное произошло, когда в одной из деревень нам принесли тапас из...улиток! Да, из настоящих улиток... мы даже не знали как их есть! Анна была посмелее меня и решилась попробовать... но без положительных результатов. Это было уже слишком и улиток мы не съели. Испания – это страна вкусной еды и

78

странных блюд. Но в то же время, так интересно и забавно открывать для себя новые блюда с друзьями или семьей будучи на отдыхе. Я уверена, после того, как вы попробуете эти и другие блюда, у вас будет что рассказать, когда вы вернетесь домой.

Необычные магазины Испании

Меня зовут Марта. Мне сорок два года. Мой муж Стивен и я живем в маленькой деревне США на среднем западе. Мы женаты двадцать лет и у нас двое детей. Нашей дочери, Саре, четырнадцать лет, а сыну, Джону, девять. В нашей семье много любви, счастья и хороших моментов, особенно во время наших путешествий.

Дети все еще ходят в школу, а я работаю в офисе юриста на полставки. У моего мужа свой бизнес. Он покупает и продает машины, его магазины находятся в разных странах. Когда Сара и Джон были очень маленькими, мы приучили их путешествовать. Путешествия всегда были нашей страстью! До появления детей мы были во Вьетнаме, ЮАР, Китае... Нашими любимыми странами были экзотические.

Но после того, как у нас появились дети, путешествовать стало немного сложно, и мы выбирали страны поближе: Канаду, Мексику и, конечно же, европейские. Очень трудно решить, какую страну Европы посетить: у них у всех много привлекательных мест! Несколько раз мы были во Франции и Великобритании, но Стивен хотел попутешествовать по Испании. Для американцев эта страна немного мистическая, таинственная, с очень странными обычаями, например фламенко или битвы быков.

Итак, два года назад мы запланировали большое, семейное путешествие по Испании, конечно же с детьми, которые делились идеями по поводу мест, которые хотели бы посетить. Мы планировали эту поездку в течение шести месяцев, покупали билеты на самолет, поезд, достопримечательности разных городов... Мы хотели, чтобы все было хорошо спланировано и без ошибок!

В первые дни августа мы прилетели в Мадрид и, после двенадцати часов проведенных в самолетах, мы наконец-то были в Испании! У нас впереди был целый месяц, чтобы познакомиться с этой страной и ее тысячелетней историей. Сначала мы заметили тот факт, что мы совсем не подумали о климате Мадрида (было очень жарко). Поэтому первое, что мы сделали, это пошли за солнцезащитным кремом. И тут наши приключения в Испании начались.

Шоппинг в Испании очень отличается от шоппинга в США. В нашей стране в аптеке можно купить все, от медикаментов до косметики. В Испании же все по-другому. В аптеках... продаются только лекарства! Поэтому мы потратили все утро, пытаясь найти в аптеках крем. Наконец, одна девушка скачала нам, что мы должны пойти в "droguería". Позже, посмотрев в словарь, мы узнали, что "droguería" означает хозяйственный магазин. Наконец мы нашли "droguería" и купили солнцезащитный крем.

Через несколько дней проведенных в Мадриде, где мы посетили чудесный музей Прадо (потому что я люблю искусство) и стадион Сантьяго Бернабеу (потому что мой сын большой фанат

футбола), мы отправились в Барселону. Это второй по величине город Испании. Очень красивый город, расположенный на побережье Средиземного моря. Одна из вещей, которая нам больше всего понравилась, это чирингито, особый вид бара, который существует только в Испании (я так думаю). Что такое чирингито?
Это бар, который расположен на пляже, прямо на песке. Тут вы можете днем выпить кофе, коктейль или пиво, а также попробовать паэлью. Вам не кажется, что этот бар все-в-одном просто замечательный?

В Барселоне мы сделали несколько экскурсий на пляж и в горы Монтсеррат, которые находятся очень близко к городу. Моя дочь приготовила бутерброды для экскурсий, что оказалось отличной идеей... Конечно в Барселоне есть супермаркеты, как и в остальных городах Испании, но нам нравились специальные магазины для различных продуктов. Например, если вы хотите купить мясо в Испании, то ищите «carnicería», это мясной магазин.

Кроме того есть «charcuterías», где продаются колбасы и сосиски. Не только фрукты, но и овощи, вы найдете во «frutería», другими словами, фруктовом магазине. В "panaderías" продается хлеб, а в "pescaderías" рыба... В США, конечно, тоже есть такие магазины. Разница в том, что в Испании они по забавному называются и обычно формируют «Меркадо» (рынок) или находятся в районах по соседству.

Очень весело ходить на Меркадо с утра, когда сюда приходят испанские хозяйки. Они дают ценные советы и рекомендации... Очень милые люди! После Барселоны мы решили поехать на север Испании. Мы провели несколько дней в Сантьяго-де-Компостела, в месте, где заканчивается путь Святого Джеймса. Очень духовный город. Любопытно, что в Испании существует много видов церквей с различными названиями: соборы, базилики, эрмитажи... Это из-за многолетней христианской истории и традиций.

Оттуда мы поехали в деревню в Астурии, которая находится очень близко. Все было невероятно зеленым, очень живым, полным деревьев, лесов и коров, дающих самое лучшее молоко в Европе. В Астурии мы обнаружили другое очень интересное место, sidrería. Sidrería – это бар, где продается только сидр, алкогольный напиток, изготовленный из... яблок! Он сладкий, очень свежий. Пейте его с осторожностью, потому что он содержит алкоголь. В sidrerías также есть тапас и другие закуски, но их очень мало. Тут главное – сидр.

Из Овьедо, главного города Астурии, мы полетели самолетом на юг страны. Мы не хотели пропустить две исторических и культурных драгоценности Испании: Севилью и Гранаду. В этих двух городах Андалусии мы не только увидели самые впечатляющие здания и улицы, а также посетили некоторые магазины и любопытные места. Например в Севилье было несколько десятков магазинов, в которых продается только одежда и аксессуары для фламенко: платья, обувь, "peinetas", "mantones" головные уборы для мужчин, куртки...

Короче говоря, все, что мы когда-либо видели на танцорах фламенко. Эту же одежду надевают на "ferias", крупный, ежегодный раздник, который отмечается во многих городах Андалусии. Наше путешествие по Испании было замечательным. Забавно, что они продают в магазинах только один вид продукта (да и их названия тоже)! Во время нашей поездки мы немного выучили испанский язык, благодаря всем этим открытиям, и, я надеюсь, что вы тоже чему-то научились, прочитав нашу историю.

Почему я? История о неуклюжем Джордже.

Если вы считаете себя неуклюжим и невезучим человеком, то я уверен, что ваше невезение ничто, по сравнению с неудачами моего друга Джорджа. Джорджу семнадцать лет и он прошел через все возможные унизительные ситуации. Этот бедняга-француз из Парижа уже сломал себе семь костей, включая кости бедра и ключицы. Ему наложили 89 швов, и он получил наихудшую репутацию в городе. Его прозвали неуклюжим смурфом Парижа. Не верите? Вот один день из его жизни:

Каждый день Джордж встает в семь часов утра, чтобы вовремя позавтракать. Звенит будильник и он пытается выключить его. В итоге он роняет стакан с водой на электрический кабель и чуть не убивает током свою кошку. Кошку зовут Сафир и ей всего лишь год. Удивительно, что она так долго прожила. Последний питомец Джорджа, его золотая рыбка со странным именем Василек, умерла в автомобильной катастрофе, когда Джордж вез ее домой из зоомагазина, где он ее и купил. Спускаясь по лестнице, он спотыкается на второй ступеньке и падает вниз. На шаг больше, чем вчера.

Мать уже ждет его внизу с бинтами наготове. „Джордж, три дня прошло с нашей последней поездки в больницу. Скоро ты побьешь свой рекорд: четыре дня без посещения больницы. Будь осторожнее, сынок! Сегодня очень важный день, ты же знаешь. Сегодня День Трех Царей, и я приготовила пирог для сегодняшнего вечера." „Да, мам. Я прекрасно знаю, что сегодня шестое января, но я не чувствую праздника. Я найду "боб несчастий", спрятанный в пироге" „Возможно и так, сынок, но, по крайней мере, ты насладишься десертом!"

Не заходя на кухню (кто знает, обо что Джордж может там споткнуться), он идет на улицу подышать свежим воздухом. Снег отражает яркий свет в глаза Джорджа, но ему удается дойти до тротуара. Слушаясь свою мать, он изо всех сил старается быть более осторожным. К сожалению, как он ни старайся, но неприятности найдут Джорджа везде. Пытаясь обойти лед на тротуаре, он идет по снегу. Но бедняга не подумал, что под снегом тоже лед. Обращая все меньше и меньше внимания на сови шаги, Джордж поскользнулся в двадцати метрах от порога своего дома, пройдя на пять метров меньше, чем вчера.

Поднимаясь, он осознал, что сломал копчик. К счастью он знает, что в больницу из-за такой травмы он не пойдет. У него были сотни подобных травм, и он хорошо проинформирован в этой среде. Больше не рискуя, он решает осторожно вернуться домой. И да! Идя в кухню, он поскальзывается на банановой кожуре, которую его брат специально положил на скользкий пол, только что помытый матерью.

"Я так и знал!", сказал его брат, громко смеясь.

„Как же мне нравится, когда ты страдаешь! И кроме того, я самый младший в семье и я позабочусь о том, чтобы боб несчастий достался сегодня тебе!" #
„Хватит, Антуан!" приказала мать, закончив, таким образом, их беседу.

Джордж стал подниматься по лестнице, сделал три шага, споткнулся и ударился о ступеньку прямо носом. Удивительно, что со всеми этими травмами, его нос оставался целым. На этот раз уже его отец с бинтами встречает его наверху. Джордж возвращается в свою комнату и Сафир сразу же прячется от своего хозяина. Джордж заходит в ванную. Пол, недавно помытый матерью, очень скользкий. И, конечно же, Джордж поскальзывается и падает прямо на копчик.

Принимая горячий душ, он уронил мыло раз восемнадцать за шесть минут, в общем три раза за минуту, каждые двадцать секунд. Как назло закончилась горячая вода, и Джордж околел от ледяной воды. Резкая смена температуры воды ошарашила его и он упал на спину. Падая, он попытался ухватиться за шторку, чтобы сохранить равновесие. В итоге он оказался на полу, завернутый в шторку, как буррито, а вода текла прямо на пол.

Он умудрился одеться без каких-либо проблем. Тем не менее, мать заставила его переодеться, потому что одет он был в клетчатую рубаху, на которой было пятно от горчицы, и полосатые, оранжево-зеленые штаны. Джордж не был дальтоником, но иногда его мать в этом сомневалась. Джордж решил вздремнуть до обеда. Он думал, что пока он спит, он защищен от возможных несчастных случаев. Тем не менее, во вермя сна он ворочается из стороны в сторону. Иногда он ходит во сне. Ходит по своей комнате, натыкается и роняет разные вещи. А кошка — жертва его атак.

В шесть часов начинается обед. Спускаясь, он спотыкается несколько раз, но это уже не удивительно! Мать накрывает на стол и приносит блюда. Увидев сыр и виноград, Джордж тянется за ножом для сыра и тарелкой. Его двоюродный брат, Джулиан, сразу же протягивает ему повязку. Не поняв в чем дело, Джордж смотрит на руку. Оказалось, что он порезался между большим и указательным пальцем. За обеденным столом раздались смешки.

Сафир прибежал как раз к главному блюду и запрыгнул на колени хозяина. Желая покормить его рыбой, Джордж держит тарелку под столом. Хотя и не полностью по вине нашего неуклюжего смурфа, тарелка упала и разбилась вдребезги. Мать принесла ему с кухни другую, на этот раз из бумаги. И, наконец, пришло время царского пирога!

Антуан, самый младший в семье, разрезал пирог и разложил его по тарелкам. Осторожно отрезав первый кусок, он дал его матери. Второй кусок он дал отцу и так далее. Последний кусок, самый маленький, он дал Джорджу. Без колебаний Джорд протыкает ложкой середину куска и начинает что-то искать в миндальном тесте. Через какое-то время ему начинает это надоедать и он во второй раз копает ложкой желтоватый крем. Он смотрит на членов семьи. Все смотрят на мать со скрытой улыбкой. Обычно другой был бы огорчен, если нашел бы боб несчастий.

Джордж в замешательстве. Он заметил что его брат плачет под столом и решил еще раз посмотреть в своем торте. Копнув немного поглубже, он почувствовал, что там что-то есть, что-то твердое. Джордж в восторге! Он разрезает кусок на две половины и достает огромную ложку крема. И конечно же! Он находит маленького царя!

Фигурка приносит удачу и радость каждому, кто ее найтет. Надеясь что он обрел удачу, Джордж вскакивет со стула и несется к лестнице. Одна, две, три, четыре, пять, шесть, семь, восемь, девять, десять, одиннадцать и двенадцать. Он умудрился преодолеть всю лестницу без проблем.

Он так же удачно спускается и видит мать с бинтами, удивленную и радостно смотрящую на него. Джордж выходит на улицу и бежит по льду. Десять метров, двадцать, тридцать, сорок, пятьдесят, шестьдесят, семьдесят, восемьдесят, девяносто, сто. Он без проблем бежит назад! Этим вечером мать Джорджа и Антуана объясняет все своему мужу. „Я положила фигурки в каждый кусок пирога. Да, это нарушение традиции, но иногда эффект плацебо — это все что нам необходимо для исцеления. Наш маленький смурф стал героем. Я так счастлива.“

„Отличная работа, Лиза! Я всегда знал, что ты способна сделать все что угодно для нашей семьи. Я надеюсь ты понимаешь, что в следующем году его удача может исчезнуть, если он не найдет царя снова.“

В жизни важно всегда видеть хорошую сторону вещей. У ледей не всегда бывает жизнь легкой, но мы можем кое-чему научиться из этой истории. Возьми свою жизнь в собственные руки и достигай своих целей. Однажды и ты найдешь свою волшебную фигурку.

*1
Le petit déjeuner: завтрак, по-французски. В северо-американском французском часто используется выражение „déjeuner".

2*
„L'épiphanie" французский праздник. Во время этого праздника существует традиция подавать к столу царский пирог. Этот сладкий десерт обычно сделан из миндального заварного крема и слоеного теста. Поверхность пирога изящно украшается. Готовящий прячет в десерте маленькие фарфоровые фигурки. Считается, что они приносят удачу и счастье тому, кто их найдет.

3*
Daltonien: дальтоник

*4
Benjamin: самый младший член семьи. Обычно он разрезает и раздает царский пирог.

ESPAÑOL

Una aventura en La Tomatina

Me llamo Sean y tengo 21 años. Soy de Nueva York, pero vivo en Barcelona, España, desde hace seis meses. Estoy estudiando Literatura Castellana y tengo mucha suerte de poder disfrutar de esta experiencia en España. Pero a veces... me pasan cosas locas y divertidas como la que hoy os voy a explicar.

Llegué a España en marzo y me puse a vivir con unos chicos y chicas muy simpáticos, compartiendo con ellos un piso precioso en el centro de la ciudad. Es un placer poder vivir en el centro de una ciudad tan bonita. Todo está muy cerca, incluso la universidad. En esta casa vivimos cuatro compañeros de piso.

Sara es de Sevilla y tiene veintiséis años, estudia arquitectura. José es de Barcelona, tiene veinte años, estudia ingeniería y es un apasionado del fútbol. Por último está Andrea, una chica del sur de Francia. Sus padres son españoles, estudia publicidad y también es bailarina de flamenco. ¿No os parece que son increíbles? Nos llevamos todos muy bien y vivir con ellos es muy sencillo.

¿Conocéis Barcelona? Es una de las ciudades más grandes de España, y se encuentra en la zona noreste del país.
Es una ciudad que vive pegada al mar, por lo tanto tiene lo mejor de una gran ciudad (discotecas,

grandes universidades, tiendas para ir de compras, restaurantes, museos…), pero también lo mejor de estar cerca de la playa en España (buen tiempo, el mar, cientos de playas preciosas…). Además, Barcelona está rodeada de montañas por todas partes y está muy cerca de los Pirineos, las montañas más altas de España donde puedes esquiar durante todo el invierno y parte de la primavera. Es un lugar para quedarse, ¿no os parece?

La primavera pasó rápidamente en Barcelona. Yo estaba muy ocupado estudiando y por las tardes jugaba al fútbol con José y su equipo. En España, el curso termina en el mes de junio. ¡Había aprobado todas mis asignaturas con muy buenas notas! Ahora, tenía todo el verano por delante, lleno de planes, al lado de la playa y con muchos amigos para pasármelo bien.

Además, en España en verano en todos los pueblos hay fiestas tradicionales y populares de las que siempre había oído hablar, aunque muchas eran muy raras y no las entendía muy bien… Mi amigo José me llamó un día de julio y me invitó a ir a una fiesta en un pueblo de Valencia que se iba a celebrar en agosto. Dijo que era la mayor fiesta en la que seguramente habría estado en mi vida, y que no podía faltar. Yo le pregunté: ¿por qué esa fiesta es tan espectacular? Y él… ¡no me dijo nada! Dijo que quería que fuera una sorpresa para mí, que sólo me iba a decir el nombre de la fiesta. La fiesta se llamaba… La tomatina.

Por supuesto que que había muchas páginas de internet y sitios donde yo habría podido buscar información sobre la misteriosa " tomatina", pero mi amigo me hizo prometerle que no buscaría nada. José compró dos billetes de autobús y los trajo a casa. Así fue como me enteré de que el pueblo al que íbamos a ir de fiesta se llamaba "Buñol". ¡Por fin sabía algo más sobre la misteriosa fiesta de verano a la que iba a ir! Buñol era, sin embargo, un pueblo muy pequeño en medio de la provincia de Valencia. ¿Qué tipo de "gran" fiesta se podría hacer en un lugar tan pequeño? Seguía el misterio.

Una semana antes de la fiesta, Sara, mi compañera de piso, me había explicado lo que significaba "tomatina". "Tomatina" era algo así como tomate pequeño. ¿Qué era entonces la fiesta? Una fiesta de un pueblo buscando el tomate más pequeño del mundo? ¡Qué lío! Como os podéis imaginar en aquel momento yo estaba deseando ir de fiesta, pero al mismo tiempo pensaba... ¿a dónde diablos estoy yendo?

El día de "La Tomatina" nos levantamos muy pronto... ¡a las 3 de la mañana! Desayunamos muy rápido y nos fuimos corriendo a la estación de autobuses. Allí, había un montón de jóvenes estudiantes como nosotros, cientos y cientos, esperando autobuses para Buñol. Nos sentamos a esperar nuestro autobús y pude hablar con una chica de Francia.

Se llamaba Anne y me dijo que la Tomatina era la mejor fiesta a la que había ido en su vida. Y que este ¡era el tercer año seguido que viajaba a Buñol para estar allí el día de La Tomatina! Estuve hablando con Anne durante mucho rato. Ella no hablaba español y su inglés era muy raro –tenía un gracioso acento francés cuando hablaba en inglés - pero era muy simpática. Y también era guapísima, rubia, con la piel

94

muy blanca y los ojos verdes. Sin embargo, tuvimos que dejar de hablar, porque su autobús era el número quince y el mío era el número ocho. ¡Qué lastima! ¿Verdad?

El autobús ya fue una gran fiesta. Estaba lleno a tope de gente joven con ganas de marcha. Todo el mundo iba cantando canciones (en español, yo no me enteraba de mucho, eran muy difíciles) y bebiendo sangría para evitar el calor que hacía ese día. Pero el viaje… ¡fue larguísimo! ¡Más de cinco horas para intentar llegar a la famosa Tomatina!

Por fin, llegamos a Buñol. ¡Allí había miles de personas! Todo el mundo estaba muy feliz, y muchos llevaban gafas para bucear, bañadores, pantalones cortos, sandalias, gorros impermeables… ¿Para qué eran todas esas cosas? Poco a poco, fuimos andando hasta llegar al centro del pueblo, donde ya casi no cabía nadie más. De repente, empezó a sonar una música, y la gente bailaba por todas partes. ¿Esto era la Tomatina? Pues no me parecía tan espectacular…

Me di cuenta de que la música procedía de unos enormes camiones. En los enormes camiones había gente, que tiraba algo a los que estaban en la calle. ¿Qué era? Era algo rojo y redondo… parecía… ¡eran tomates! En ese momento empecé a reirme un montón. Mi amigo José me dijo ¿qué te parece? ¡Yo no podía estar más feliz! Aquello era una locura, imagínatelo: miles de personas riendo, saltando, bailando y ¡tirándose tomates los unos a los otros! Poco a poco, todo se volvió rojo y todo el mundo se divertía un montón.

La Tomatina empezó pronto y ¡duró toda la mañana! Al terminar, yo estaba lleno de tomate de arriba a abajo, estaba rojo como si yo mismo fuera un tomate. Aunque no os lo creáis, es totalmente cierto. Sabéis qué es lo mejor de todo? Que al terminar todo, la gente sigue en las calles, la música no para y la fiesta sigue. Por eso, nos quedamos allí todo el día, comimos un plato típico de Valencia, paella, y bebimos una bebida típica, sangría.

Justo después de comer decidimos ir a dar una vuelta por el pueblo. Cuando llegamos a la plaza mayor llegó la última sorpresa del día... ¡Anne estaba allí! Nos acercamos y nos presentó a sus amigas. Entonces el baile de la fiesta empezó, y todos bailamos juntos y seguimos hablando. Nos divertimos mucho, y creo que aquel fue el comienzo de una gran amistad... Ahora Anne y yo vamos juntos a todas las fiestas y creo que muy pronto le pediré que salgamos juntos al cine algún día...Si todo va bien, la Tomatina será a partir de ahora algo más que una gran fiesta - será también un lugar para encontrar el amor. ¿Quién sabe?

Enamorarse en Venecia

1) Maria y Sandro, un amor acabado

Después de un periodo sin salir con nadie, después de romper con Sandro, he vuelto a disfrutar de la vida, ¡y más inspirada que antes! Después de dos años de noviazgo, cuando hasta se hablaba de casarse, nuestro amor fue a la rovina. Quizás queréis conocer la razón, pues ¡os lo digo en seguida!

2) Porqué nos dejamos

Sus padres fueron nuestros huéspedes en la casa que poseo en Venecia, en la laguna, y en la cual habíamos decidido vivir después de la boda. Estaban en mi casa desde hace tres días y habían transcurrido Navidades con nosotros. Se fueron el 2 de enero (¡menos mal!) y volvieron a su ciudad nativa, Verona.

Todo empezó con la discusión abierta por su madre, Paola, que insistía en que la boda fuera celebrada en su ciudad nativa, donde Sandro había nacido. Su papá, al contrario, no tuvo parte en la discusión, sino que trataba de mirarme en los ojos para que pudiera entender que él no estaba de acuerdo con las demandas de su mujer, como me confirmó dentro de poco.

Voy a guardar este momento como uno de los

recuerdos más bonitos porque entendí que él era sincero y que quizás también él, en aquel momento, habría abierto la ventana y dejado que su mujer se bañara en el agua glacial de la laguna. De hecho, la discusión interrumpió el idilio de amor entre Sandro y yo, el cual no me difendió (quizás por el demasiado amor hacia su madre), ¡sino que hasta me regañó por levantar mi voz contra su querida mamá! Ya el día siguiente, cuando él acompañó a sus padres a Verona, había entendido que nuestro sueño de amor se había desvanecido.

No me equivocaba. Probablemente empujado por su madre, no me llamó durante tres días y yo hasta pensé en no hacerlo. Después de una semana, me llamó para decirme que probablemente era mejor dejar nuestros proyectos, por el bien de todos. El mundo me cayó a pedazos y yo, entre la cólera y la desilusión, me retiré en mi solitud, ¡jurando a mi misma que jamás me prometería!

El amor entre nosotros se había acabado... ¡para siempre!

3) Un nuevo encuentro

Marco paseaba al lado de Claudia (su hermana) y al lado de su novio (mi hermano). Estábamos iendo al puente de Rialto para celebrar la licenciatura de Claudia (en derecho) y él nos llevó a comer en un restaurante donde trabaja un amigo suyo. Cuando entramos en el restaurante, inmediatamente se sentó a mi lado y delante de los novios. Llevaba consigo un ramo de rosas rojas y uno de ciclamenes.

En la mesa puso las rosas encima de una tarjeta de felicitaciones para su hermana y me dijo en seguida: "Y esto en cambio es para ti". Después de comer nos sentamos en unas mesitas cerca de la orilla para beber un café. Mientras tanto, el centro general de la atención había pasado exclusivamente en mi, hablando (mi hermano en primer lugar) del fracaso de mi relación con Sandro y de mi ira hacia todos los hombres.

Sintiéndome puesta en duda, me arriesgué para expresar mi ira, pero sin exagerar, también para no hacer pasar vergüenza a Marco, que me estaba cortejando, lo que había entendido desde el principio. Y, para decir la verdad, me gustaba realmente.

4) Un chico puro y sincero

Mientras tanto, la tarde había llegado y las primeras luces se comenzaban a ver en la laguna, iluminando aquel espejo único en el mundo, que sólo la preciosa Venecia puede ofrecer.

Asistir a este espectáculo es una sensación extremamente emocionante no sólo para los turistas, sino también para todos los venecianos que viven la ciudad a diario. Para mi era triste, pensando en el amor que no sentía más y que pensaba haber perdido para siempre. En este momento, confundida, pero feliz, volví a casa.

El día siguiente oí a alguien tocar a la puerta, pensaba que era mi vecina o el cartero, ¿pero quien encontré allí? ¡Marco! Llevaba consigo un ramo de rosas sólo para mi (azules esta vez) y iba vestido hasta más elegante que el día anterior y llevaba un peinado diferente (liso con fijador), uno muy refinado. Este gesto me emocionó mucho, y no vacilé en darle sinceramente un beso en la mejilla.

5) Aquella tarde en el Lido

Una nueva amistad había nacido con Marco y una tarde nos empujó hacia el Lido de Venecia, un lugar diferente de la laguna, a pesar de que geograficamente es parte de esa. Se trata de la Venecia no turística, es decir la donde la mayoría de los venecianos viven, con restaurantes, discotecas, cafés, playas (en verano), tiendas de importantes marcas de moda.

También aquella tarde su encanto y su sutileza no fueron desmentidos: se presentó que llevaba una chaqueta y una corbata azul oscuro y dos rosas rojas, una para mi y una para Claudia.. Saldríamos a cena en un rato. En realidad, algo ya me estaba emocionando, y yo me sentía atraída por él, pero no podía encontrar las palabras para expresar mi alegría, aunque mis ojos me traicionaban y él se había dado cuenta de eso. De hecho, (mientras los dos novios estaban sentados en la mesa todavía) con una excusa me invitó en la terraza del restaurante, donde, mirando el crepúsculo, se giró hacia mi y me sonrió, y después se dobló y me besó intensamente.

Desde aquel día Marco ha llegado a ser mi gran amor.

6) Un día mágico

¡Aquel día fue el más feliz de mi vida!

En verano optamos por el lido de Venecia para transcurrir nuestras vacaciones, porque representa un lugar especial para nosotros, donde nuestra pasión floreció y donde celebramos, donde lloré (esta vez por amor y por alegría y no por desilusión), donde cenamos y bebimos champán en la playa, después de lo cual... ¡hasta hoy (nos casamos en un año) todo ha sido absolutamente mágico!

La Aventura de Comer en España

¿Habéis estado alguna vez en España? Es un país maravilloso. Mi nombre es Sarah Jones y tengo treinta y tres años. Vivo en Londres desde hace dos años, pero tuve la suerte de estudiar durante un par de años en España. Trabajo para un gran banco del Reino Unido y estudié Economía en la Universidad. Estoy casada, pero aún no tengo hijos. Mi marido se llama Marcos Sánchez, y le conocí, como os imaginaréis por su nombre, en España.

Yo tenía veinte años y todo el verano por delante antes de que empezara mi primer curso de estudios de Economía en España. Así que decidí irme con mi mejor amiga, Anne, a disfrutar de nuestro último verano juntas en mi nuevo país. Anne iba a irse a estudiar a Australia ese año, así que íbamos a estar cada una en otro lado del mundo. Anne estudiaba medicina, ahora es una médico excelente que trabaja en Estados Unidos.

Durante el verano en España, en casi todas partes hace mucho calor, así que se puede disfrutar de ir a la playa, a la piscina, salir por la noche, bailar en las discotecas… En pocas palabras: era un destino ideal para un viaje ideal de dos mejores amigas. Además, los hoteles, hostales y apartamentos eran muy baratos en España, y habíamos trabajado durante el curso para ahorrar para pasar las vacaciones juntas.

Planeamos tres meses recorriendo España, sus

costas, sus montañas, las ciudades más grandes, los pueblos más pequeños, fiestas... ¡no queríamos perdernos nada! En cuanto llegamos, empezamos a explorar, a divertirnos y a disfrutar. Aterrizamos en Madrid, la capital de España, donde nos alojamos en un pequeño hostal en el centro, justo al lado del Museo del Prado. Si te gusta el arte y vas a España ¡no puedes perderte el Museo del Prado!

Con todos sus cuadros de Velázquez, El Greco... es impresionante. Después de nuestro primer paseo por un museo tan grande y por las calles del centro de Madrid, estábamos realmente hambrientas. Era hora de probar, por primera vez, la que siempre nos habían dicho que era deliciosa, la comida de España. ¿Por dónde empezar? ¿Qué serían las tapas en realidad? ¿Y la paella?

Eran todas rarísimas comidas para nosotras, no sabíamos qué significaba nada, pero los menús parecían muy sabrosos, y las fotos de la comida realmente excitantes. Entramos en un restaurante que estaba muy animado. Había muchos chicos y chicas jóvenes bebiendo y tomando "tapas", nos gustó mucho ese ambiente tan relajado. Había gente española, pero también turistas de todas partes del mundo. Anne y yo nos sentamos y decidimos pedir, para empezar, un par de jarras de "sangría", una bebida que nos habían recomendado probar. Teníamos mucha sed porque hacía mucho calor. La sangría es una bebida deliciosa, se hace con vino, limón, frutas frescas, canela...En cada casa y en cada bar, los ingredientes y proporciones cambian.

Creo que en aquel verano debimos de probar unas trescientas formas diferentes de hacer sangría... ¡y todas estaban muy buenas! Así que os recomiendo que, si vais a España, la probéis. Eso sí, la sangría tiene alcohol, así que sed cuidadosos con ella. Lo bueno es que hay muchos sitios en los que también la hay sin alcohol, ¡y está incluso más buena!

Y entonces, llegaron nuestras primeras tapas. Primero, llegó una cosa llamada croquetas. No sé muy bien cómo explicaros lo que son. Es una comida caliente, frita, y rellena de una deliciosa crema con jamón, queso, carne... ¡también hay mil opciones! Después, llegaron las aceitunas. Las aceitunas es de donde sale el aceite de oliva, pero en España se comen también crudas, con el propio aceite, vinagre, ajo, especias... también, como después pudimos comprobar, había miles de tipos y formas de hacerlas.

Nuestras primeras tapas nos gustaron mucho. Pero nuestro viaje siguió avanzando y seguimos probando platos de la cocina española. Uno de los que más nos sorprendió fue la famosísima paella. ¿Sabéis lo que es la paella? Llegamos a Valencia, donde nos alojamos en un camping al lado de la playa. Habíamos alquilado un coche para nuestras vacaciones en la playa, y llegamos después de un par de horas de viaje, con mucha hambre, a la playa.

Allí había un "chiringuito", que es un bar justo en la arena, muy popular en España. Y la especialidad del chiringuito era la paella. Así que Anne y yo no esperamos más y nos pedimos una paella para dos. La paella es un plato de arroz de color amarillo que está guisado y se come caliente. El arroz está muy bueno y suele venir acompañado con todo tipo de cosas. Por ejemplo, verduras o pollo, pero también mariscos. Algunos yo no los había comido nunca, como cangrejo. Puede que te guste o no la paella, pero desde luego si vas a España deberías probarla.

Como fuimos viendo poco a poco, a veces comer en España era una aventura. Por ejemplo, un día en el norte de España pedimos una tapa de una cosa llamada "callos"... no sé cómo explicaros lo que es, es un tipo de carne de cerdo que a mí no me gustó nada, porque era un poco... viscosa. Otro día, en la ciudad de Burgos, que tiene una maravillosa catedral, comimos morcilla, que es una especie de salchicha especiada y negra, que se hace con la sangre del cerdo. Como veis, en España se comen cosas de lo más variados... ¡y muy raras para alguien de afuera!

Algo del cerdo que sí que nos encantó fue el jamón serrano. En España se come mucha carne de cerdo, pero esta en especial os la recomiendo, porque ¡está riquísima! Lo más divertido que nos pasó fue en un pueblo donde nos pusieron una tapa de... ¡caracoles! Sí, sí, caracoles... ¡no teníamos ni idea de cómo comerlos! Anne, que es bastante más valiente que yo lo intentó... pero no dio muy buen resultado. Aquello era demasiado para nuestras rutinas alimentarias, así que no nos comimos los caracoles.

España es un país lleno de comidas deliciosas, extravagantes... pero sobre todo, muy divertidas si las descubrís con vuestros amigos o vuestra familia en vuestras próximas vacaciones. Seguro que después de probar estos y otros platos ¡tendréis mil historias que contar a la vuelta!

Las curiosas tiendas de España

Me llamo Martha y tengo cuarenta y dos años. Mi marido Stephen y yo vivimos en un pequeño pueblo del medio oeste de Estados Unidos. Llevamos veinte años casados y tenemos dos hijos. Nuestra hija, Sarah, tiene catorce años y nuestro hijo, John, tiene nueve años. Nuestra familia ha sido bendecida con amor, felicidad y muy buenos momentos, especialmente en nuestros viajes.

Los niños van a la escuela todavía, y yo trabajo media jornada en una oficina de abogados. Mi marido tiene su propio negocio de compraventa de coches, y tiene varias tiendas en varios condados. Desde que Sarah y John eran muy pequeños, Stephen y yo les hemos acostumbrado a viajar. ¡Los viajes siempre han sido nuestra pasión! Antes de tener hijos, viajamos a Vietnam, Sudáfrica, China... Los países más exóticos eran nuestros favoritos.

Pero cuando tuvimos hijos, viajar se volvió un poco más complicado, y empezamos a optar por destinos más cercanos: Canadá, México... y, por supuesto, Europa. Es muy difícil decidir qué país visitar en Europa: ¡todos tienen un montón de lugares atractivos! Hemos viajado a Francia y al Reino Unido en un par de ocasiones, pero Stephen estaba deseando viajar a España y recorrer este país, que para los americanos es un poco mítico, misterioso y con muchas costumbres extrañas, como el flamenco o los toros.

Así que hace dos años nos decidimos y planeamos un gran viaje familiar a España, con los niños, por supuesto, que nos dieron muchas ideas sobre qué les gustaría visitar allí. Estuvimos casi seis meses planificando el viaje, comprando los billetes de avión, de tren, entradas para los monumentos de las diferentes ciudades... ¡Queríamos tener todo muy bien planeado y que nada saliera mal! A principios del mes de agosto volamos rumbo a Madrid, y después de más de doce horas de unos y otros vuelos, ¡por fin estábamos en España!

Teníamos por delante un mes entero para descubrir aquel país fascinante con milenios de historia. Lo primero de lo que nos dimos cuenta fue de que habíamos preparado todo muy bien, pero sin pensar en que haría tanto calor en Madrid aquellos días. Por eso, lo primero que hicimos fue ir a comprar un protector solar. Y ahí fue donde empezó nuestra aventura con las compras en España.

España y Estados Unidos son muy diferentes en cuanto a las compras. En nuestro país, puedes ir a una farmacia y comprar de todo, desde medicinas hasta champú. Pero en España no es así. Y en las farmacias, por lo general... ¡sólo venden medicinas! Asique estuvimos casi una mañana entrando en una, dos, tres, infinitas farmacias hasta que nos dimos cuenta, y finalmente una chica nos explicó que teníamos que ir a una "droguería" a comprar aquello.

Después, con el diccionario, vimos que "droguería" significaba "drug store". Al final conseguimos encontrar una y nuestro protector solar. Tras unos días en Madrid, donde visitamos el maravilloso

Museo del Prado, porque a mí me encanta el arte, pero también el Estadio Santiago Bernabéu (porque mi hijo es un fanático del fútbol), nos fuimos a Barcelona. Es la segunda ciudad más grande de España y está en el mediterráneo ¡es una ciudad preciosa!

Una de las cosas que más nos gustó fue una especie de bar muy especial que sólo existe en España (o al menos eso creo): el chiringuito. ¿Qué es el chiringuito? Pues es un bar que está justo en la playa, sobre la arena, donde puedes tomarte desde un café a un cóctel por la tarde, pasando por una maravillosa paella o una cerveza. ¿No os parece genial este tipo de sitios todo en uno?

En Barcelona hicimos muchas excursiones a la playa y la montaña de Montserrat, muy cercana a la ciudad, y para las excursiones, mi hija tuvo la gran idea de hacer unos sándwiches... Por supuesto, en Barcelona hay supermercados como en toda España, pero nos encantó descubrir las tiendas específicas para los diferentes alimentos. Por ejemplo, si quieres comprar carne en tu viaje a España, busca una "carnicería", es decir, una tienda de carne. Además, hay "charcuterías" que es el lugar donde venden los embutidos. La fruta, pero también la verdura, la encontrarás en la "frutería", o sea, la tienda de fruta. Y así, hay "lechería" para la leche, "panaderías" para el pan, "queserías" para el queso, "pescaderías" para el pescado ... Por supuesto, también en Estados Unidos hay este tipo de tiendas. La diferencia con España son estos divertidos nombres y que estas tiendas suelen estar agrupadas en el "mercado" o en las zonas de alrededor. Es muy divertido ir al mercado por la mañana, cuando van todas las amas de casa españolas, y disfrutar con sus consejos o recomendaciones... ¡son muy simpáticas!

Después de Barcelona decidimos ir a visitar la zona norte de España. Pasamos un par de días en Santiago de Compostela, el lugar donde termina el Camino de Santiago. Una ciudad muy espiritual. Algo muy curioso en España es que hay muchos tipos de iglesias con todo tipo de nombres: catedral, basílica, ermita... Esto es por la larga historia y tradición cristiana que ha tenido este país. Y desde ahí, partimos hacia un pueblo de Asturias muy cercano. Todo era verde, muy vivo, lleno de bosques y vacas, que producen de la mejor leche de toda Europa. En Asturias conocimos otro establecimiento muy curioso, la sidrería. La sidrería es un bar en el que prácticamente sólo se bebe sidra, una bebida alcohólica que se hace a partir de las... ¡manzanas! Es dulce y muy fresca, pero hay que tomarla con precaución ya que lleva alcohol. En las sidrerías hay algunas tapas y algo de comer, pero muy poca variedad, allí lo principal es la sidra.

Desde Oviedo, la capital de Asturias, partimos en avión hacia el sur del país, porque no queríamos perdernos dos joyas históricas y culturales de España: Sevilla y Granada. En estas dos ciudades andaluzas no sólo descubrimos los más impresionantes edificios y lugares, sino algunas tiendas y establecimientos de lo más curioso. Por ejemplo, en Sevilla, había unas cuantas decenas de tiendas sólo de ropa de flamenco - vestidos, zapatos, peinetas, mantones, sombreros para los hombres, chaquetas...

En definitiva, todo lo que vemos en los bailarines y

bailarinas de flamenco, pero también es una ropa que se utiliza en las ferias, una gran fiesta anual que se celebra en muchas ciudades andaluzas. Nuestra experiencia en España descubriendo rincones maravillosos fue genial, pero descubrir estos lugares donde vendían sólo un tipo de productos o cosas, y sus nombres, ¡fue muy divertido! Aprendimos mucho español durante nuestro mes en España gracias a estos descubrimientos, y espero que vosotros también lo hayáis aprendido con nuestra historia.

¿Por qué yo? El relato corto de George, el torpe.

Si piensas que eres una persona torpe y con mala suerte, puedes estar seguro de que no es nada en comparación a mi amigo George. George es un joven de diecisiete años que ha pasado por todas las situaciones embarazosas imaginables. Este pobre niño francés, habitante de la ciudad de París, se ha roto ya siete huesos, incluidos el fémur y la clavícula. Le han puesto ya ochentainueve puntos y por eso tiene la peor fama de la ciudad. Lo llaman el pitufo torpe de París.

¿No me crees? Te describo un día de su vida: George se levanta todas las mañanas a las siete para llegar puntualmente al desayuno. Suena su despertador e intenta apagarlo. Cuando lo hace, tira un vaso de agua por encima de un cable eléctrico y casi electrocuta a su gato Saphir, que tiene un año. Es sorprendente que el gato haya sobrevivido durante tanto tiempo. La última mascota de George, su carpa dorada, que curiosamente tenía el nombre de aciano, se murió en un accidente de coche cuando George intentó llevarlo a casa desde la tienda de mascotas donde lo había comprado.

Cuando baja por las escaleras se tropieza con el segundo escalón, un escalón más que ayer. Su madre ya lo está esperando abajo en las escaleras, con tiritas y vendas a mano. „George, hace tres días ahora que no te he llevado al hospital. Estás a punto de romper tu récord de cuatro días sin ir. ¡Ten cuidado, hijo! Hoy es un día importante, es el día de Reyes y he preparado nuestro roscón de Reyes para esta noche." "Sí mamá, sé que estamos a seis de enero, pero no me apetece mucho. Encontraré la alubia de la mala suerte de porcelana escondida en el roscón." "Probablemente cierto, hijo, pero ¡por lo menos podrás disfrutar del postre!"

Sin arriesgarse en la cocina, a saber qué cosas le podrían pasar al pequeño George, se sale afuera para tomar el aire. La nieve refleja la luz brillante en los ojos de George, pero procura caminar hacia la acera. Haciendo caso a las instrucciones de su madre, hace todo lo posible por tener cuidado. Desafortunadamente, George lo puede intentar, pero los problemas lo encuentran en todas partes. Para evitar el hielo en un lado de la acera, camina por la nieve del otro lado. Pero el pobre necio no se dio cuenta de que también había hielo debajo de la nieve. Prestando menos y menos atención a sus pasos, se resbaló a unos veinte metros del umbral de su puerta, a cinco metros menos que ayer. Al levantarse se da cuenta de que se ha roto el coxis. Afortunadamente sabe que con esta lesión no es necesario ir al hospital, con la experiencia de centenares de lesiones similares, está bien informado en este campo.

Sin arriesgarse más, se vuelve cuidadosamente a casa. ¡Y sí! Cuando entra en la cocina de su casa, se resbala en una cáscara de plátano que su hermano había dejado adrede en el suelo, después de haberlo fregado su madre.

"¡Cuánto me gusta hacerte sufrir! Y además me voy a

112

encargar yo, el más joven de la familia, ¡de que esta noche te toque la alubia de la mala suerte!"

„¡Basta ya, Antoine!" ordenó la madre, dando fin a la corta conversación.

George subió las escaleras y alcanzó el tercer escalón antes de caerse de cara y darse con la nariz en las escaleras. Es sorprendente que su nariz siga intacta con todas estas lesiones. Esta vez es su padre quien le espera al final de los escalones con tiritas y vendas a mano. George vuelve a su habitación y Saphir se esconde rápidamente lejos de su amo. George se va al baño. El suelo había sido fregado por su madre y estaba resbaladizo.

Y por supuesto que George se resabaló aterrizando directamente en su coxis. Mientras estaba tomando una buena ducha caliente para cambiar de pensamientos, dejó caer su pastilla de jabón dieciocho veces en seis minutos, es decir tres veces por minuto, cada veinte segundos. Y como si no fuera bastante mala suerte, a George le faltaba agua caliente y el agua frío hizo que se helara. Este cambio repentino de temperatura lo cogió por sorpresa y le hizo caerse de espaldas.

Cuando caía intentó agarrar su cortina de ducha intentando equilibrarse. Terminó acostado en el suelo, envuelto en la cortina de ducha como un burrito humano, con agua que se salía de la bañera al suelo. Consiguió vestirse sin ningún problema. Pero su madre le hizo cambiarse ya que llevaba una camisa a cuadros llena de manchas de mostaza amarillas y un pantalón a rayas naranjas y verdes que estaba roto.

George no era daltónico aunque su madre tuviera sus dudas. George decidió dormir hasta la cena. Según él estaba protegido de posibles accidentes cuando dormía. Sin embargo se cae y se mueve por todas partes durante su descanso. George también es sonámbulo. Va corriendo por su habitación y lanza cosas. Su pobre gato es víctima de ese ataque.

A las seis es hora de cenar. Mientras se dirige hacia ahí, se tropieza varias veces, pero ¡ya no sorprende eso! Su madre pone la mesa y sirve varios platos. George ve un plato de queso y uvas y estira el brazo para cogerse un cuchillo para cortar queso y un plato. Su primo Julianne le acerca una tirita sin vacilar. George mira su mando confundido. Y efectivamente se había cortado entre su pulgar y dedo índice. Risa se extendió alrededor de la mesa.

Saphir salta a las piernas de su amo habiendo llegado al plato principal. George le quiere dar un poco de pescado y le ofrece su plato debajo de la mesa. Aunque no fuera del todo la culpa de nuestro pitufo torpe, se cayó el plato y se rompió en mil pedazos. Su madre volvió a la cocina para coger otro plato, siendo esta vez de papel.

¡Y por fín es hora de tomar el roscón de Reyes! Antoine, el más joven de la familia, cortó el roscón y lo sirvió a su familia. Cortó cuidadosamente el primer trozo y se lo dio a su madre. El segundo trozo lo dio a su padre y así seguía. El último trozo, más pequeño que los otros, se lo dio a George.

Sin dudarlo mete su cucharita dentro de su trozo del roscón y hurga en la masa de almendras. Al tiempo se desmotiva. Mete una segunda vez la cucharita para hurgar la crema amarillenta. Mira a todos los miembros de su familia. Miran todos a su madre con una leve sonrisa. Normalmente los otros estarían frustrados si encontraran la alubia de la mala suerte.

George está confundido. Ve a su hermano llorando debajo de la mesa y decide buscar otra vez en su trozo del roscón. Cuando llega un poco más hacia abajo nota otra consistencia en la masa, algo más duro. ¡George se puso muy nervioso! Corta su trozo de roscón en dos partes y coge una cucharadita de la crema de almendras.Y es cierto...¡Encuentra el pequeño rey de porcelana! Se supone que la figura da suerte y alegría a quien la encuentre. Con la esperanza de haber encontrado suerte, George se levanta y va rápido hacia las escaleras.

Uno, dos, tres, cuatro, cinco, seis, siete, ocho, nueve, diez, once y doce. Consiguió subir todos los escalones sin ningún problema. Con la misma suerte baja las escaleras y ve a su madre con tiritas y vendas en la mano observándolo con asombro y alegría. George sale y corre por encima del hielo.

Diez metros, veinte, treinta, cuarenta, cincuenta, sesenta, setenta, noventa, cien. Vuelve corriendo sin ningún problema. Aquella noche la madre de George y Antoine se lo explica todo a su marido. „He metido figuritas en cada trozo del roscón. Sí, he roto la tradición, pero un efecto placebo es de vez en cuando lo único que necesitamos para curarnos. Nuestro pequeño pitufo se ha convertido en un héroe. Y me pone muy contenta. "
„¡Muy bien, Lisa! Siempre he sabido de que eres capaz de hacerlo todo por nuestra familia. Espero que tengas en cuenta que el año que viene puede

que desaparezca su suerte si no encuentra el pequeño rey de porcelana de nuevo" dijo en tono burlón, pero con una risa amable.

En esta vida es importante ver siempre el lado positivo de las cosas. Las personas no siempre tienen una vida fácil, pero podemos aprender de este relato. Toma las riendas de tu vida e intenta conseguir tus metas. Algún día encontrarás tu propia figurita de la suerte.

*1
Le petit déjeuner: „Desayuno" en francés. En el francés de América del Norte se suele utilizar la expresión „déjeuner".

2*
„L'épiphanie", la epifanía o el día de Reyes es un día festivo en Francia. Es tradición tomar la „Galette des Rois", el roscón de Reyes, ese día. Este postre dulce está hecho normalmente de hojaldre con crema de almendras. Se esconde una pequeña figurita de la suerte dentro que da suerte y alegría.

3*
Daltonien: daltónico
*4
Benjamin: el miembro más joven de la familia. Según la tradición es el miembro más joven de la familia quien reparte la Galette des Rois.

Made in the USA
Coppell, TX
17 April 2024

31419284R00066